Guia de crowdfunding

Aprender a investir a partir de 50 euros ou menos

por

Jesus Sánchez

Quieroserrico.com

Direitos Autorais

Guia de Crowdfunding: Aprenda a investir por 50 € ou menos

Jesus Sánchez

Aviso da versão em português

Este livro foi originalmente escrito em espanhol. Como parte de um "experimento", ele foi automaticamente traduzido para o seu idioma. Pedimos desculpas por quaisquer erros que possam surgir neste processo.

Se você quiser saber mais sobre como fazer essas traduções por si mesmo, a fim de alcançar mais pessoas e, ao mesmo tempo, aumentar a sua renda passiva, vou dizer-lhe neste post.

https://quieroserrico.com/articulos/70-ganar-dinero-escribiendo-libros/

Para tudo o resto, espero que goste da sua leitura.

Guia de Crowdfunding: aprenda a investir por 50 euros ou menos. Vai dar-lhe as chaves para tirar o melhor partido das suas poupanças.

Quieroserrico.com

Introdução

Este livro *Guia de Crowdfunding: aprender a investir a partir de 50 euros ou menos* é um manual para aprender uma nova forma de investir. **Financiamento da multidão (Crowdfunding).**

Teremos tempo para saber exactamente o que é esta coisa do Crowdfunding. Mas simplificar muito é poder investir de uma forma nova.

O Crowdfunding é que pequenos aforradores como você ou eu, podemos ter várias dezenas de imóveis, deixar parte de nossas economias para centenas de estranhos ou empresas ou ser acionistas de várias empresas com grande potencial de crescimento.

Claro que pensa que vai precisar de muito dinheiro, mas com o crowdfunding é possível a partir de apenas 10 euros.

E, claro, todos estes investimentos vão gerar algum interesse. Interesses que podemos gastar ou reinvestir para fazê-los crescer como uma bola de neve.

No capítulo 20 do meu primeiro livro, *Eu quero ser rico: obter liberdade financeira em 5 passos*, eu já lhe disse que para chegar à liberdade financeira uma das opções era através do que eu chamei de "*pequenos investimentos*" Crowdfunding.

O crowdfunding é um excelente caminho para a liberdade financeira. Como veremos ao longo do livro, há muitas maneiras diferentes de investir em Crowdfunding e muitas dessas maneiras nos proporcionam renda recorrente a cada mês.

Liberdade financeira é ter renda passiva suficiente, ou renda recorrente **para cobrir todas as nossas despesas.**

Você pode ter mais informações sobre renda passiva, liberdade financeira, dívidas, despesas... no meu blog quieroserrico.com

Mas vamos falar sobre este livro. Eu dividi The Guia de Crowdfunding em 3 partes:

- Na primeira parte, explicar-vos-ei o que é o crowdfunding, os diferentes tipos de investimento que existem e veremos também algum tipo de crowdfunding que realmente não pode ser considerado um investimento.
- Na segunda parte veremos as diferentes formas de investir em Crowdfunding e detalharei algumas das plataformas mais importantes que existem no momento de escrever estas linhas.
- E na terceira e última parte do livro vou dar algumas dicas, para que você possa se sentir mais confiante ao investir e como você pode maximizar seus interesses.

Este livro foi escrito para pessoas que querem fazer um retorno extra, ou pessoas que estão procurando aumentar suas economias. Em caso algum se trata de um Guia para o financiamento de um projecto.

Se você quiser financiar um projeto através de Crowdfunding aqui você pode encontrar informações sobre o que os investidores querem fazer com o nosso dinheiro, mas nada mais do que isso.

Quem eu sou

Se não me conhece, vai perguntar-se quem eu sou. Meu nome é Jesus Sanchez, sou o autor do blog quieroserrico.com e do podcast Quiero Ser Rico.

No momento em que estou escrevendo este guia, passei mais de 3 anos investindo parte de minhas economias através do crowdfunding. E francamente, estou muito satisfeito com o resultado. Se você quiser saber no que estou investindo hoje você pode visitar https://quieroserrico.com/inversion

Mas chega de falar de mim e do livro e vamos ao que interessa. Aqui começa o **Guia de Crowdfunding**: *Aprenda a investir por 50 € ou menos.*

Parte Um: A Nova Maneira de Investir

Capítulo 1: O que é Crowdfunding?

Literalmente Crowdfunding é um termo inglês formado pelas palavras Crowd + Funding, ou seja, financiar algo através de multidões ou muitas pessoas.

Wikipédia refere-se a crowdfunding como micro-patrocínio, crowdfunding ou financiamento coletivo. E ele define-o desta forma:

> *É um mecanismo colaborativo de financiamento de projetos. Suprime a intermediação financeira tradicional e consiste em pôr os promotores de projectos em contacto com investidores ou fornecedores de fundos que procuram obter um retorno do seu investimento. Nesta actividade, destacam-se duas características: a **união massiva de investidores que financiam** pequenos projectos **com pequenos montantes** de elevado potencial e a **natureza arriscada deste investimento**.*

Como você tem sido capaz de ler é a definição da Wikipédia há duas características excelentes de Crowdfunding:

1. Estes são vários "investidores" que levantam pequenas quantias de dinheiro.
2. E há um componente de risco em cada um destes investimentos.

Dimensão dos investimentos

Sem contradizer a Wikipédia, não tem que ser pequenos projetos, vários projetos financiados com crowdfunding ultrapassaram um milhão de euros. E espera-se que este montante continue a aumentar.

No capítulo 5 vamos ver algumas das vantagens do crowdfunding, mas antes de você chegar lá, deixe-me destacar uma delas. (Embora tal não constitua uma vantagem do ponto de vista do investidor).

Financiar um projeto através de crowdfunding é a forma mais simples e barata de fazer um estudo de mercado 100% fiável.

E vou explicar porquê. Para uma empresa ou um empresário quando lançam um produto através de uma campanha de crowdfunding, eles ainda não o criaram, é apenas uma idéia (então eles quase não gastaram nenhum dinheiro com ele).

Mas o destaque é que eles podem dizer se o público está disposto a pagar pelo produto. Mas eu não quero perguntar-lhes, mas isso implica que as pessoas primeiro paguem e depois se o projeto recebe financiamento, o produto é criado.

Conseguir que um projecto seja financiado com crowdfunding implica ter certas garantias de que o projecto será bem sucedido. E, no pior dos casos, poupará ao criador muito tempo e muito dinheiro.

A definição da Wikipédia falava de pequenas quantidades.

Mas o que são pequenas quantidades?

Dependendo da plataforma e do tipo de projecto, estas "pequenas" quantidades são bastante pequenas. E vamos vê-los na secção correspondente a cada plataforma.

Mas note que, em alguns casos, são necessários montantes inferiores a 50 euros. E, noutros casos, o mínimo pode ser superior a 2 ou 3 mil euros, ainda mais em casos muito específicos. E falando de Espanha, no México, por exemplo, você pode investir de 250 pesos, na Argentina de 1.000$ ou no Peru para 500 soles.

Mas como eu disse, estes são casos isolados. Na maioria dos casos, o montante mínimo é de cerca de 50 ou 100 euros.

Por 50 euros. 50 euros é um montante que todos devemos poder poupar todos os meses. À 50 euros podemos fazer um investimento que nos dará retornos muito interessantes. E fazer o nosso dinheiro crescer. Especialmente se reinvestirmos estes juros e usarmos juros compostos.

* Se não consegues poupar 50 euros por mês. Ou você não sabe como funcionam os juros compostos, visite https://quieroserrico.com *ou escreva-me para* hola@quieroserrico.com

O risco

A segunda parte da definição de crowdfunding fala de um componente de risco.

Estamos sempre a falar de investimento. Há sempre a possibilidade de você não ganhar o valor estimado inicialmente ou, em alguns casos, perder todo o seu dinheiro.

Lembre-se que **sem risco não há benefício**.

Mas há sempre maneiras de ter o risco controlado e limitado.

E o método mais popular que funciona melhor é a **diversificação**.

Diversificar significa não colocar todos os ovos no mesmo cesto. Bem, se o cesto se partir, estás sem ovos. É o mesmo com os investimentos. Não se pode "apostar" tudo num cartão, num único investimento.

Acredita em mim, **é impossível ganhar para sempre**. Nem a melhor equipa do mundo ganha todos os jogos, nem o melhor desportista de uma modalidade ganha todas as competições.

Com os investimentos a mesma coisa acontece, alguns sairão como planejado, outros muito melhor e outros serão um fracasso. No crowdfunding este risco ainda existe.

Mas se você tem um portfólio diversificado, os maus investimentos serão compensados pelos bons e **o resultado final é um alto retorno do nosso portfólio**.

Não estamos aqui para ser o melhor investidor da história ou ganhar mais dinheiro do que ninguém. Não queremos ganhar todos os jogos, **queremos ganhar o jogo do dinheiro**. Pelo menos este caso é meu.

Mas diversificar não significa investir em centenas de coisas totalmente diferentes.

Warren Buffett disse no seu tempo:

Diversificação é protecção contra a ignorância

Esta frase refere-se ao facto de termos de ser formados e de sabermos em que é que estamos a investir.

Como veremos ao longo deste livro, a Crowdfunding oferece-nos a possibilidade de investir em produtos muito diferentes.

Você deve escolher uma opção, depois uma plataforma e, em seguida, selecionar os investimentos que mais lhe convêm. Mas falamos sobre isto mais tarde.

Deixei para o fim algo que considero muito notável. **Os investimentos de crowdfunding são um pouco mais seguros do que se pensa à primeira vista.**

As plataformas Crowdfunding são responsáveis pela filtragem e seleção dos investimentos, são especialistas neste tipo de projetos.

Sim, os melhores especialistas também estão errados, mas já seleccionaram previamente os investimentos possíveis com menos risco para si.

Plataformas de crowdfunding

As plataformas de crowdfunding não são organizações sem fins lucrativos. Eles também estão aqui para ganhar dinheiro. Na segunda parte do livro veremos algumas das plataformas mais importantes. E no final do livro você tem uma lista muito mais extensa.

Estas plataformas vão ficar com uma parte do teu dinheiro. Normalmente uma comissão sobre os seus ganhos. O que é justo para nós dois. Se ganhares, eles ganham.

Também é importante ter em mente, ao selecionar uma plataforma, o seguinte: se eles investem em seus próprios projetos ou simplesmente os "apresentam".

Seguir o conselho de investimento de alguém que não investe seu próprio dinheiro em seu conselho nunca foi uma boa idéia.

Uma plataforma, em linguagem simples, é uma empresa que opera através de uma web. Estas empresas da "nova economia monetária" são conhecidas como **plataformas fintech**, que na Espanha são chamadas de Plataformas de Financiamento Participativo (PFP).

A economia P2P

O crowdfunding também é chamado de economia P2P (de pessoa para pessoa). Ou seja, economia entre partes iguais ou de pessoa para pessoa.

Mas como veremos ao longo deste livro o Crowdfunding em muito mais do que a economia P2P.

Neste livro veremos em detalhe 3 modalidades de crowdfunding e apenas em alguns casos estamos a falar da economia P2P.

Capítulo 2: Os diferentes tipos de investimento em crowdfunding

No capítulo 1 vimos a definição de crowdfunding. Mas dentro do mundo o Crowdfunding usa expressões ou fórmulas diferentes para se referir ao Crowdfunding.

Cada uma dessas "expressões" se refere a uma forma de crowdfunding, de modo que todas elas são investimentos em crowdfunding. Você pode ouvir Crowdfunding, mas também a palavra Crowdfunding seguida de uma rescisão.

Vamos olhar para algumas dessas expressões e para o que exatamente elas se referem.

Crowdlending ou Crowdfunding de empréstimos. Ele está a falar de tudo o que tem a ver com empréstimos. Tanto o financiamento tradicional como os empréstimos a particulares e empresas e outros menos conhecidos. Como financiamento de facturas, notas promissórias ou mesmo compra de empréstimos. Em geral, no crowdlending esperamos recuperar todo o nosso investimento e juros em um **curto período de** tempo. Veremos tudo relacionado com Crowdlending no capítulo 7.

crowdfunding imobiliário: O crowdfunding imobiliário consiste no financiamento de projectos imobiliários ou imobiliários. Nós podemos encontrar projetos para comprar para alugar. Comprar para reformar e vender. Comprar, renovar, alugar e muito mais tarde vender, etc. Mas também para novas construções.

E até mesmo algum híbrido entre Crowdlending e projeto imobiliário (especificamente nós emprestamos a promotores imobiliários para um projeto específico). Em Real Estate Crowdfunding podemos obter os benefícios enquanto o nosso investimento é mantido ao longo do tempo ou recuperar o nosso investimento mais um lucro a médio ou longo prazo. Veremos tudo relacionado com o crowdfunding no capítulo 8.

Crowdequity, Crowdinvesting ou Crowdinvesting de investimento: Trata-se de participar no financiamento de StartUp´s ou empresas. Normalmente são empresas que já estão a facturar e precisam de capital para crescer mais rapidamente. Em geral, na Crowdinvesting esperamos começar a obter lucros durante um longo período de tempo e, em certos casos, recuperar nosso investimento se as circunstâncias assim o exigirem. Veremos tudo relacionado com o Crowdinvesting no capítulo 9.

Estas são as 3 principais modalidades que discutiremos neste Guia. Mas, como veremos nos próximos dois capítulos, Crowdfunding se refere a coisas diferentes daquelas listadas há pouco.

Crowdlending, Real Estate Crowdinvesting e Crowdinvesting (StartUp) são as principais formas de investir em Crowdfunding.

O crowdfunding também tem uma componente social e uma componente mais artística e cultural. Eles são chamados de **crowdfunding** ou doação **social** e mais comumente chamados de micro-patrocínio ou **crowdfunding de recompensa**.

Nos próximos dois capítulos trataremos deles de forma rápida e extensa, a fim de conhecê-los e falar sobre suas particularidades.

Resumir Crowdfunding é juntar um pouco de dinheiro de muitas pessoas para financiar algo. E o propósito desse "algo" é aquilo em que baseámos a divisão anterior.

Podemos dividir o crowdfunding de formas diferentes, mas esta classificação é uma das mais utilizadas. Deixo-vos esta fotografia final com os diferentes tipos de Crowdfunding que analisaremos neste Guia.

Financiamento coletivo de investimentos	Crowdfunding investimento	Sem
Crowdlending (Crowdfunding of loans)	Doação de crowdfunding	
crowdfunding imobiliário	Micropatrocínio ou Recompensa por Financiamento em Multidão	
Crowdequity, Crowdinvesting o Crowdinvesting de "inversión".		

Mas antes de terminarmos o capítulo vamos também falar sobre **a Crowdsourcing**. O crowdfunding pode ser considerado um tipo de crowdsourcing.

Crowdsourcing é terceirização em massa. Crowdsourcing é usado para trabalho criativo. Por exemplo, os concursos típicos para o cartaz das festividades ou para remodelar uma praça ou uma rua. Graças à tecnologia, isto pode ser feito para muitos outros campos.

Mas também se refere a projetos de software livre, para ajudar a todos a espalhar uma mensagem, como vimos tantas vezes nas redes sociais. Ou ajudar a encontrar uma pessoa ou um animal de estimação.

E, claro, para ajudar toda a gente a financiar, a conseguir o dinheiro, para alguma coisa. Vamos ao Crowdfunding.

Em geral, com o crowdsourcing podemos obter recursos econômicos, mas também o trabalho de outras pessoas (pode ser trabalho especializado ou não), comunicação e tomada de decisão.

Capítulo 3: Outros tipos de financiamento coletivo I: Financiamento coletivo de doações

Em muitos casos, a palavra Crowdfunding está associada diretamente com Social Crowdfunding ou Donation Crowdfunding. Mas como já vimos, o crowdfunding é muito mais.

Neste capítulo, vamos superficialmente ao crowdfunding social.

Há tantas causas "sociais" de tantos tipos diferentes que é difícil listar todas elas.

O crowdfunding de doações destaca-se porque o dinheiro que as pessoas doam, fazem-no para nada. Quero dizer, ele não vai receber nada em troca. Pelo menos nada de "físico" a um nível pessoal.

> *Pessoalmente, acredito que todos nós devemos dar parte da nossa renda para alguma causa ou projeto em que acreditamos e sermos capazes de ajudar a ter uma comunidade melhor ou um mundo melhor.*

Dentro do crowdfunding de doações, temos duas maneiras de entregar o nosso dinheiro.

- Pagamento único
- Pagamentos periódicos

A diferença é que algumas campanhas podem precisar de dinheiro constantemente por um longo tempo, então eles precisam desses pagamentos recorrentes. Para compreendê-lo melhor, vamos pensar no seguinte exemplo:

Alguém que tem uma doença e precisa de tratamento médico todos os meses, o tratamento consiste em medicamentos, visitas a especialistas e pagamento de um cuidador. Esta pessoa poderia obter uma quantidade significativa de dinheiro de um único uso, mas mais cedo ou mais tarde o dinheiro iria acabar e ele ou ela iria precisar de mais. Por não entrar em outras complicações. Mas se você conseguir que um certo número de pessoas todos os meses doem a quantia de dinheiro que você precisa, é mais fácil no final.

Com este exemplo, já vimos uma das maneiras pelas quais o crowdfunding pode ajudar. Mas como já disse, há muitos mais.

Na verdade, o máximo que conseguirmos pensar. Mas vou destacar alguns:

- Auxílios para tratamentos médicos
- Investigação científica
- Esportes
- Meio Ambiente
- Cooperação internacional
- Cultura e arte
- Animais
- Infância
- Integração social e/ou laboral
- Deficiência
- Formação Acadêmica

Muitas campanhas de solidariedade e ONGs estão contando com inúmeras plataformas de crowdfunding para obter os fundos de que necessitam.

Desde o financiamento de projectos de investigação de doenças raras até à protecção de uma floresta ou à construção de um abrigo para animais, passando pela reparação da carrinha da equipa de futebol.

Algumas das plataformas de solidariedade de crowdfunding são:

www.teaming.net

www.migranodearena.org

www.crowdrise.com

www.goteo.org

Claro que há muitos, muitos mais. Você pode doar para uma campanha a partir de apenas 1 euro.

Capítulo 4: Outros tipos de Crowdfunding II: O Crowdfunding de recompensas

O crowdfunding de recompensa está a meio caminho entre o crowdfunding solidário e o crowdfunding de investimento. Em alguns casos, mais perto de um do que do outro.

O crowdfunding de recompensa é caracterizado porque, na troca do nosso dinheiro, recebemos uma recompensa. Normalmente um produto físico, mas também pode ser um serviço.

Em outros casos, a recompensa pode ser apenas um reconhecimento, como o fato de seu nome aparecer em um lugar específico. Este tipo de recompensa está mais próximo de um crowdfunding solidário ou de um crowdfunding de donativos.

O crowdfunding de recompensa também é chamado de micropatrocínio. E os participantes da campanha são considerados patronos.

O patrono era aquele Rei ou pessoa poderosa de tempos como o Renascimento que "contratou" um artista para trabalhar para ele. Em troca do seu trabalho, o artista recebeu protecção do Rei, um salário, uma oficina, etc.

O Rei gostava das suas obras que, em muitos casos, imortalizavam o próprio Rei.

O crowdfunding de recompensa é exactamente o mesmo. Não são apenas as empresas que realmente utilizam esta forma de financiamento. Muitos dos projectos financiados através deste tipo de crowdfunding são livros, filmes, música, etc.

Embora também seja utilizado para financiar produtos tecnológicos. Tanto físico como digital (aplicações, jogos, software).

É chamado de crowdfunding de recompensa porque os investidores ou clientes que investem no produto recebem uma recompensa em troca. Mas esta recompensa nunca é dinheiro.

Recompensas podem ser coisas como:

- Para que o seu nome apareça nos créditos de um filme, CD ou DVD.

- Seja o primeiro a ver ou ter o filme ou produto em questão.

- Receba o produto a um preço reduzido. Neste caso, o preço é o montante do financiamento. Assume-se que o produto vai ser vendido a um preço muito mais alto do que o que você está pagando.

- No caso de um serviço, porque é para poder usufruir do serviço antes de qualquer outra pessoa e a um preço reduzido.

As opções são tantas quanto podem acontecer àquele que lança o projeto.

E é claro que há recompensas "híbridas", o que significa que tens várias recompensas de que falámos.

Até agora, temos abordado o crowdfunding de recompensas do ponto de vista de um investidor. Mas não posso esquecer o ponto de vista do promotor do projecto de saber realmente a importância do crowdfunding de recompensas.

<< *Imagine que você quer desenvolver um aplicativo para colocar restaurantes em contato com potenciais clientes. Você sabe que muitos restaurantes têm que jogar comida fora porque no final do dia eles não "venderam" e no dia seguinte não será bom o suficiente para servir. Portanto, a sua ideia é que os restaurantes possam oferecer mesas de preço reduzido de última hora onde apenas vendem esses pratos ou podem vender essa comida como comida de consumo. Antes de desenvolver seu aplicativo e começar a negociar com restaurantes, você faz a campanha de crowdfunding. Com Crowdfunding você validará sua idéia, você saberá se as pessoas estão interessadas ou não. Por outro lado, para os restaurantes e usuários que participam de sua campanha você pode dar-lhes o serviço, ou seja, eles não vão pagar as comissões que o resto dos futuros clientes devem pagar. Afinal, sem esses patronos, o projeto nunca existiria.* > >

Recompensar o crowdfunding é bom para os "empresários", uma vez que os ajuda a validar as suas ideias e a obter o financiamento de que necessitam. E é bom para os clientes porque eles ajudam a tornar tudo possível e, em troca, eles têm acesso a produtos e serviços novos, exclusivos ou de preço reduzido.

Imagine se você tivesse participado de uma campanha para financiar um computador pessoal há 40 anos atrás de uma nova empresa e você conseguiu um desses modelos com seu nome gravado no case e essa empresa hoje era a Apple. Bem, tudo é possível.

No podcast falei sobre este tipo de investimento no capítulo 30. Deixo-te um link.

https://quieroserrico.com/articulos/30-crowdfunding-de-recompensa/

Muitas plataformas de crowdfunding de recompensa são também plataformas de crowdfunding solidárias e outras plataformas de crowdfunding de investimento StartUp.

Estas são algumas das mais conhecidas plataformas de recompensa de crowdfunding:

- https://www.indiegogo.com/

- https://www.kickstarter.com: Provavelmente a plataforma mais popular especialmente para o financiamento de projetos StartUp.

- www.lanzanos.com

- https://es.ulule.com/: Projetos empresariais e solidários

- https://www.verkami.com/: A maior empresa de crowdfunding da Espanha

- https://www.idea.me/ Plataforma Chile com presença em quase todos os países da América Latina.

- https://dremit.com/ Plataforma México

Capítulo 5: As vantagens de investir em crowdfunding

Nos capítulos 3 e 4 vimos 2 maneiras de investir nosso dinheiro em troca de lucros que em nenhum caso estão na forma de dinheiro. Estes podem ser benefícios muito interessantes a nível pessoal e ajudar a tornar o mundo um lugar melhor.

Mas este livro não está focado neste tipo de "investimento". Nos próximos 3 capítulos veremos 3 maneiras diferentes de fazer crescer o nosso dinheiro. Mas primeiro, vamos ver quais são as vantagens deste tipo de investimento.

Como você será capaz de intuir a partir do que tem sido visto até agora, Crowdfunding não é algo pequeno e pontual. É sobre uma nova maneira de fazer as coisas. Em particular, tudo o que está relacionado com as campanhas sociais e o financiamento artístico actuais não pode ser compreendido sem crowdfunding.

Mas também no mundo das novas empresas o Crowdfunding é cada vez mais importante. E muitas empresas estão optando por esta forma de financiamento. Há até um "ciclo" que as novas empresas usam para se financiarem.

Inicialmente através do Crowdfunding de recompensa para financiar um novo produto ou serviço, mais tarde através do Crowdfunding de investimento ou Crowdinvesting para poder crescer e finalmente para o Crowdfunding de empréstimo para expandir.

O crowdfunding de empréstimos, o crowdfunding imobiliário e o crowdfunding de investimentos têm uma série de características e vantagens comuns que gostaria de destacar. Em alguns casos, estas vantagens aplicam-se apenas a 1 ou 2 destes tipos de investimentos. Vamos detalhá-los:

- Em todos os casos, é uma recompensa de crowdfunding. Mas, neste caso, a recompensa é em forma de dinheiro. **O crowdfunding**, portanto, **nos proporciona juros**.
- Podemos fazer investimentos com muito pouco dinheiro. Em muitos casos **a partir de 50 euros** e até menos.
- Não leva tempo. Você pode fazer seus investimentos e não precisa gastar horas e horas analisando diferentes opções.
- Por ser capaz de investir a partir de quantias muito pequenas e sem que você precise dedicar tempo. **Você pode diversificar muito facilmente.** Vamos falar mais sobre como podemos diversificar. Mas você pode diversificar em diferentes plataformas, em diferentes projetos, em diferentes tipos de Crowdfunding,...
- Em algumas plataformas você pode colocá-los em **"piloto automático"**. Conforme você recebe renda, a plataforma reinveste sua renda com base nos critérios definidos acima.
- **São um meio para a liberdade financeira**. Graças aos pagamentos recorrentes de juros. Pode chegar um momento em que geremos fluxo de caixa suficiente para cobrir todas as nossas despesas.
- Têm **vantagens fiscais**. Em Espanha, existem deduções para investimentos em empresas recém-criadas, ou seja, empresas que foram criadas menos de três anos antes da realização do investimento.
- É um **estudo de mercado praticamente livre**. Já falámos sobre isto antes. Ao nível do investidor e mesmo que não invista num determinado projecto, pode saber

quais os produtos ou empresas que podem ser "a revelação" num futuro próximo.

- **É uma forma de obter treinamento de investimento "livre e prático".** Como veremos no capítulo 6, há pessoas que consideram que o Crowdfunding NÃO é um investimento real, é hora de ver porquê. Mas se você decidir se tornar um investidor de negócios (um investidor Angel) ou um investidor imobiliário, Crowdfunding irá ajudá-lo a adquirir conhecimento e experiência.

- Em muitos casos, **você pode "sair" de seu investimento em um tempo relativamente curto e recuperar seu dinheiro.**

- **É mais seguro do que os investimentos mais "tradicionais".** Uma vez que passam por um filtro inicial. E um segundo filtro são os investidores. O que quero dizer? Por um lado, as plataformas de crowdfunding selecionam os investimentos que podem ser mais interessantes. E depois investidores como tu ou eu investem no que quisermos. No final, nem todas as campanhas de crowdfunding recebem o financiamento de que precisam.

- **É extremamente simples.** O usuário pode não ter pensado nisso, mas esses tipos de investimentos exigem muita documentação legal. Pense na pilha de documentos necessários para comprar uma casa entre 200 pessoas. Ou a papelada necessária para se tornar accionista de uma empresa não cotada. Ou para fazer um empréstimo a outra pessoa ou empresa. No crowdfunding são necessários apenas alguns cliques de rato

- **É escalável.** Você pode investir a partir de 50 euros, mas também pode investir quantias muito maiores.

- **É também para grandes investidores.** Continuando com o ponto anterior, não pense que no financiamento coletivo apenas pequenos poupadores investem. Estas oportunidades de investimento também são utilizadas por empresas e grandes investidores para investir.

Estas são algumas das vantagens mais notáveis do crowdfunding. Em suma, **investir através de crowdfunding é simples, fácil, rápido e seguro.**

Capítulo 6: O crowdfunding é realmente um investimento?

Os puristas argumentam que o financiamento coletivo está longe de ser considerado um verdadeiro investimento.

E fazem-no pelas seguintes razões.

Entre eles, um investidor "verdadeiro" é aquele que passa horas, dias, semanas e até mesmo vários meses analisando diferentes oportunidades, para finalmente fazer um investimento que lhe deixa grandes lucros. Eles até mencionam o que diz Kiyosaki: "analise 100 investimentos, faça 10 ofertas, 3 ofertas vão aceitá-las e destas 3 vão investir apenas em uma".

Consideram também que o investidor real é aquele que tem contemplado diferentes cenários para o seu investimento e que, quando as coisas não correm como planeado no início, pode tomar as decisões necessárias. Em outras palavras, um investidor "real" é aquele que tem controle sobre os investimentos. E você pode tomar decisões na mosca.

Por estas duas razões, e muitas mais, consideram que o crowdfunding não é um verdadeiro investimento.

Não sei qual é a sua situação, mas para fazer isso você vai precisar de muito tempo e muito conhecimento.

No entanto, não quero saber das opiniões destas pessoas. Porque o que procuro é uma forma de aumentar as minhas poupanças. Crowdfunding me permite investir sem ter que gastar horas e horas olhando diferentes oportunidades e analisando quais são lucrativas e quais não são.

As plataformas de crowdfunding já estão encarregues disto. Muitas e muitas oportunidades de análise de plataformas de crowdfunding não passam no filtro. E só apresentam aos investidores os poucos que são lucrativos e interessantes.

Nós, investidores através de plataformas de crowdfunding, vemos as diferentes oportunidades e investimos apenas naquelas que acreditamos que melhor se adequam aos nossos gostos.

Nos próximos capítulos, direi a vocês como analisar as oportunidades para que nossa decisão de investimento seja de apenas 10 minutos ou menos.

Se você quiser gastar seu tempo procurando oportunidades e aprendendo a investir melhor e melhor, você pode fazê-lo, mesmo que você analise como as plataformas Crowdfunding fazem isso, você pode acelerar seu aprendizado.

Tudo isto independentemente da quantidade de dinheiro necessário. **Com Crowdfunding você pode participar de grandes investimentos com muito pouco dinheiro.**

Falámos sobre controlo de investimentos. Para realmente ter 100% de controle de um investimento como um mínimo você precisa ter mais de 50% da participação do negócio. E para teres tanto controlo, vais precisar de muito dinheiro.

Se há uma coisa que caracteriza o crowdfunding, é que as decisões e regras de investimento estão claramente definidas. Sabes quando vais entrar e quando vais sair. Você não será capaz de tomar decisões, mas se você vai participar do investimento, sua opinião será ouvida e levada em conta. O crowdfunding é muito democrático a este respeito.

Tudo o que foi discutido até agora neste capítulo aplica-se principalmente ao crowdfunding imobiliário e em grande parte ao crowdfunding no StartUp.

Se falamos de financiamento bancário, a discussão não faz sentido. Para ser capaz de entrar no negócio bancário de empréstimos e financiamentos por conta própria vai ser impossível ou você terá que ir além dos limites legais.

Crowdfunding nos permite investir muito pouco dinheiro, sem ter que dedicar muito tempo e não há necessidade de conhecimento especializado. Não espere alcançar retornos espetaculares, mas mais do que retornos interessantes.

O crowdfunding oferece retornos entre 5% e 15% (em alguns casos um pouco menos e em outros um pouco mais). Nos 3 capítulos seguintes vou detalhar um pouco mais todos os detalhes que você precisa saber.

Segunda parte: diferentes investimentos em Crowdfunding

Capítulo 7: Crowdfunding "Bancário

Chegamos finalmente aos 3 capítulos mais destacados do livro. Vamos ver as três principais formas de financiamento coletivo. De definições mais gerais. Até detalhes das principais plataformas na Europa e América Latina.

Começamos com Crowdlending ou como eu chamo Crowdfunding bancário. Como veremos, esta divisão entre os três tipos de crowdfunding que enumero no livro nem sempre é tão clara. Veremos algumas oportunidades de investimento e algumas plataformas que podem muito bem ser consideradas de 2 tipos diferentes.

Vamos começar com o Crowdlending. Considero que o crédito bancário ou o crowdfunding é a revolução mais importante que o crowdfunding nos trouxe.

Até agora, poder entrar no negócio "bancário" era quase exclusivamente reservado aos bancos. E eles ainda são um mercado muito limitado, com muitas barreiras à entrada.

Crowdfunding bancário é poder deixar as nossas poupanças para financiar um empréstimo ou um produto bancário equivalente.

Falar de Crowdfunding bancário e explicar que não é exactamente fácil. E não é por causa das diferentes opções que temos disponíveis.

No caso do **financiamento privado**, é simples. Trata-se de dar fundos a uma pessoa para um assunto pessoal. Mais comumente, são cursos de treinamento, vários tratamentos médicos ou até mesmo empréstimos pessoais (sem finalidade específica).

Mas quando se trata de **financiar empresas**, é um pouco mais complicado. Uma empresa pode ser financiada de muitas maneiras. No caso de dívida de longo prazo (mais de um ano), o financiamento mais comum é o empréstimo (embora o aluguer ou o leasing também possam ser utilizados).

Se precisar de dinheiro a curto prazo, existem outras possibilidades. Acima de tudo, as chamadas "letras de banco" podem ser utilizadas a curto prazo. Veremos abaixo o que são as contas bancárias.

Mas primeiro, indique que o financiamento bancário nos permite entrar "neste negócio". Deixe as nossas poupanças para qualquer uma destas modalidades. Como sempre em troca da nossa parte (os nossos interesses), que será maior dependendo do risco que corremos.

Facturas bancárias; facturas, notas promissórias, confirmações, etc.

Quando uma empresa necessita de caixa no curto prazo, pode recorrer a vários mecanismos. Esses mecanismos são chamados de contas bancárias ou descontos em papel (não sou especialista nessas questões e algumas das minhas explicações podem não ser tecnicamente corretas).

Basicamente, temos dois sistemas diferentes, para entender, vou dar-lhe alguns exemplos.

Faturamento e confirmação

A empresa A vendeu um serviço ou produto a outra empresa e emitiu uma fatura. Nas condições de pagamento, você estabeleceu que as faturas são pagas dentro de 90 dias. (Até agora normal).

O problema da empresa A é que ela terá que pagar seus fornecedores, seus funcionários e todas as suas despesas. Mas ele ainda não foi pago e precisa do dinheiro. Outra possibilidade é que eu não precisava do dinheiro, mas você quer tê-lo agora, porque ou você não confia no seu cliente para lhe pagar ou não por qualquer razão.

Não importa um pouco, mas é importante ter isso em mente. A empresa A pode "vender" a factura, para que outra entidade se encarregue de a cobrar (vamos chamar a esta entidade INVOICES COMPRADORES).

Isto é o que se chama **factoring**. Se a fatura for de 1.000 euros, a INVOICES COMPRADORES paga à empresa 1.000 euros menos um desconto.

Geralmente, o desconto é uma porcentagem da fatura. Se fossem 10%, pagava-te 900 euros.

No momento do vencimento da fatura INVOICES COMPRADORES é responsável pela cobrança e pagamento dos 1.000 euros. **Aqui está o benefício**.

O Crowdlending permite que você faça isso.

A confirmação também é chamada de faturamento reverso. A confirmação consiste em os fornecedores da empresa A terem a possibilidade de receber as suas facturas antes de a nossa empresa A decidir pagá-las. Mas, neste caso, é a nossa empresa A que fornece isto aos seus fornecedores.

Notas promissórias

As notas promissórias são semelhantes às notas fiscais. Neste caso, a nossa empresa tem notas promissórias pendentes de cobrança.

Uma nota promissória é um cheque bancário com uma data futura. Para nos entender é um cheque bancário, **mas você não pode ser descontado até uma determinada data**.

Neste caso, a nota promissória também pode ser "vendida". A venda é pelo valor da nota promissória com desconto. E a entidade que o comprar cuidará de o recolher.

Crowdlending ou Crowdfunding também permite que você compre estas notas promissórias.

Nestes casos, trata-se de períodos de financiamento de apenas alguns dias ou, no máximo, algumas semanas.

São produtos de alto risco e alto volume de negócios. Aqui é importante que a plataforma permite que você invista automaticamente para evitar que seu dinheiro fique parado.

A informação que você vai ter neste caso é bastante limitada, no melhor dos casos alguns dados sobre a solvência da empresa. Em outros apenas a valorização da plataforma (algum indicador de risco).

Empréstimos e financiamentos

Os Empréstimos
Tanto para indivíduos como para empresas, outra opção são os empréstimos.

Um empréstimo tem geralmente um objectivo específico, mas é concedido sob a responsabilidade pessoal de uma pessoa singular ou de uma empresa.

Isto significa que o destino final não terá consequências para nós. O mutuário (que fica com o dinheiro) tem a responsabilidade pessoal de o reembolsar. Independentemente de eu o ter ou não usado bem.

Financiamento
O financiamento está a meio caminho entre o crowdlending e o crowdequity. E dependendo das características pode ser considerado de um tipo ou de outro.

Se você tem uma mentalidade mais investidora os financiamentos e a Crowdequity serão do tipo que você mais gostará.

Ambas as modalidades são também utilizadas pelas empresas como prova para validar os negócios. Mas vamos explicar um pouco mais sobre o que é isto.

Financiamento e crowdequity é sobre nós como um investidor ser capaz de escolher diferentes projetos de uma empresa para ajudá-lo a financiá-lo. Neste caso, temos muito mais informações sobre a empresa ou o projeto a ser financiado. O projecto em questão é a chave.

Mas para considerar que algo é Crowdlending ou Crowdequity existem diferenças significativas.

Em Crowdlending é normal que a rentabilidade seja previamente acordada. Quero dizer, é um empréstimo bancário completo. Noutros casos, pode estar condicionado, em certa medida, ao êxito do projecto.

Na Crowdequity somos parceiros de projecto. Os lucros são incertos, se a empresa ganha, ganhamos, se a empresa perde, perdemos.

Outra diferença é o tamanho do projeto, em Crowdlending é um projeto único de uma empresa. Os exemplos incluem a construção de um novo centro logístico, a compra de um camião para fazer uma nova rota, a expansão do pessoal ou o lançamento de um novo produto.

Um exemplo deste tipo de plataforma é a **Ecrowd**, uma plataforma baseada em Espanha. Permite às empresas financiar os seus projectos e a nós, como investidor, financiar os seus projectos em troca de um retorno máximo de 6%.

Em Crowdequity o projeto é geralmente a própria empresa. Em geral, novas empresas estão tentando crescer e se estabelecer no mercado. Normalmente, o seu modelo de negócio não será rentável até que você cresça o suficiente. São empresas que aproveitam muito bem a economia de escala. Mas falaremos mais sobre crowdequity no capítulo 9.

Gostaria também de destacar uma nova variante do Crowdlending, **empréstimos a promotores imobiliários**. Algumas das chamadas plataformas de crowdfunding imobiliário (como as **Housers**) oferecem este tipo de oportunidades aos seus investidores. Devido à natureza do produto a financiar, vamos ver esta variante no capítulo 8. Outra plataforma que gostaria de destacar no **Grupeer;** o Grupeer é uma plataforma letã (verão que na Letónia e na Estónia existem muitas plataformas) de empréstimos à habitação, mas neste caso também inclui empréstimos hipotecários. Um dos "produtos" da Grupeer é o Fundo de Estabilidade, que gera entre 4 e 8% do fluxo de caixa dos investimentos imobiliários.

Em suma, as plataformas de Crowdlending oferecem-nos a possibilidade de financiar o projeto de uma empresa em troca de um juro, que **normalmente já está estabelecido, embora em alguns casos também possa ser um empréstimo participativo.**

Um empréstimo participativo é um empréstimo em que os juros recebidos são condicionados ao sucesso de um projecto. Parte dos lucros do projeto é distribuída aos financiadores.

O Mercado Secundário de Dívida

Algumas plataformas de crowdfunding têm um mercado secundário, um lugar onde você pode vender suas ações antes do prazo estabelecido ou comprar. Veremos uma explicação mais detalhada no capítulo 10.

Nesta secção vamos falar de um conceito diferente, mas com o mesmo nome. Muitas plataformas de crowdfunding especializaram-se em "colocar" dívidas a outros investidores.

Os bancos tradicionais, bem como credores rápidos para evitar problemas potenciais com inadimplências, vendem essas dívidas.

Por outras palavras, um indivíduo pede um empréstimo a um banco e este vende esse empréstimo a outra entidade. Mas o indivíduo não sabe nada do que tem a obrigação de continuar a pagar da mesma forma.

Se você não pagar, o banco não tem problemas porque o risco o transferiu para outro. Quem paga, porque todos recebem o seu dinheiro de volta.

Estes tipos de investimentos são os mais arriscados que discutiremos neste guia. Mas como um destaque é que, em geral, todos esses investimentos têm algum sistema de proteção. Se o mutuário não reembolsar o seu empréstimo, a plataforma ou o mutuante recompra-nos a dívida.

Tenho a certeza que já ouviu este sistema antes e já esteve um pouco assustado. A crise do subprime originou essas práticas. Basicamente, estas dívidas foram reunidas com outras em "pacotes" e vendidas a outras entidades. Ao mesmo tempo, com estes pacotes de dívidas foram feitos outros pacotes que foram vendidos novamente e assim por diante várias vezes.

Os primeiros problemas surgiram quando algumas pessoas não conseguiram pagar a hipoteca. *Em alguns casos, essas hipotecas foram concedidas de maneira "muito alegre e generosa".* O que devia ser um problema muito pontual tornou-se um grande problema devido a estes pacotes de dívida.

Quando estes primeiros problemas surgiram, ninguém sabia o que tinham comprado. Os bancos possuíam um pacote de dívidas que não podia determinar a sua origem exacta. Os bancos daquela época pararam de confiar uns nos outros e isso literalmente derrubou os mercados financeiros em 2008.

No caso deste tipo de investimento não é exactamente o mesmo porque não estamos a comprar pacotes mas sim uma única dívida e em qualquer caso conhecemos alguma informação sobre a origem da dívida.

Mas eu queria fazer esta menção às hipotecas subprime, quer tenham dúvidas se é a mesma coisa ou não. E para você estar ciente do alto risco.

Dicas para Investir em Crowdfunding "bancário"

Para investir em uma dessas plataformas de Crowdlending você tem que se registrar, uma vez registrado você pode acessar todas as informações que eles fornecem.

Antes de decidir sobre um investimento, espere pelo menos 1 ou 2 semanas e analise as diferentes propostas. Até agora, não invista em nenhum deles.

Neste momento você saberá melhor o que a plataforma oferece.

Se no seu caso, você tem dinheiro suficiente, é melhor "liberá-lo" pouco a pouco em diferentes investimentos.

Nunca tentes ser o maior vencedor da plataforma. As plataformas geralmente têm uma pontuação das diferentes propostas. Alguns consideram-nas mais seguras e por isso vão dar-vos menos interesse e outros consideram-nas mais arriscadas e por isso podem ganhar mais.

Recomendo que evite o mais arriscado, pelo menos de uma forma geral. Você pode investir pontualmente no mais arriscado, mas não frequentemente.

Você pode esquecer o conselho acima se você tiver outros investimentos e só usar o crowdlending como um investimento de maior risco. **O importante é que tenhas o teu risco máximo sob controlo. Que sabes no que te estás a meter e qual é a tua perda máxima**.

Em Crowdlending, tal como os bancos e os financiadores, há clientes que não reembolsam os seus empréstimos. Tenha em mente que isto também é cíclico. Quando a economia corre mal, há mais pessoas que não podem pagar. A tua plataforma de Crowdlending vai ter mais padrões.

É claro que as plataformas têm mecanismos para recuperar o seu dinheiro. Mas estes são lentos e nem sempre conseguem tudo de volta ao capital inicial, já para não falar que às vezes não conseguem.

Existem certas plataformas de crowdlending que garantem o seu dinheiro. Se por alguma razão o investimento não funcionar como planeado, eles têm algum mecanismo para lhe pagar o dinheiro investido rapidamente. Pode ser algum seguro associado ou um mecanismo de recompra de dívida.

Como você vai entender, esta segurança extra vem de um desempenho inferior, porque em algum lugar o dinheiro tem que sair.

Lembre-se sempre de diversificar, mas no caso do Crowdlending e do mercado secundário de dívida, leve em conta quem é a entidade original da dívida, você pode investir em diferentes plataformas, mas você está sempre comprando dívida de uma única entidade.

Riscos especialmente associados ao crowdlending

Em todos os investimentos há risco. O crowdfunding também. A possibilidade de perder todo o seu dinheiro está sempre presente, mesmo que seja muito remoto. Se seguires os conselhos que te dou ao longo deste livro, terás pelo menos uma hipótese a menos de isso acontecer.

No que diz respeito ao crédito à habitação, devido às suas características, temos de ter em conta uma série de situações. Como é que sabes quando alguém pede uma lata de empréstimo?

1. Pagar a totalidade do empréstimo de acordo com os termos estabelecidos
2. Adiantamento do pagamento da totalidade ou de parte da dívida
3. Atrasar um pagamento mas acabar por pagar
4. Parar de pagar

Em geral, as empresas tendem a ter menos risco de não-pagamento, uma vez que existem mais mecanismos para evitar o não-pagamento. Portanto, os rendimentos tendem a ser mais baixos.

Das 4 situações acima referidas, 1 (pagar a totalidade do empréstimo nos termos estabelecidos) é normal. Nesta situação, nós, como investidores, vamos recuperar todo o nosso dinheiro mais os juros esperados.

Em caso de pagamento antecipado da dívida, recuperaremos todo o nosso dinheiro e alguns juros menores. Menor em termos de montante total, mas não em termos de desempenho. Quando isso acontece, fico sempre contente, já recuperei o meu dinheiro, posso investi-lo novamente e estou confiante de que a plataforma está a emprestar dinheiro a quem o pode devolver.

Em caso de atraso, neste caso você vai demorar um pouco mais para recuperar seu dinheiro e, provavelmente, você terá algum interesse extra. Isto é devido a uma penalidade por atraso no pagamento que, em última análise, o beneficia.

Mas há também a possibilidade de que, por qualquer razão, quem pediu o dinheiro agora não pague. Como eu já disse, algumas plataformas têm algum tipo de sistema de proteção contra não-pagamentos, sistemas que farão você recuperar seu dinheiro instantaneamente (ou dentro de um período específico de tempo, geralmente dentro de 60 dias). Mas em outras plataformas isso não existe, você assume o risco (em troca de um retorno maior, sim). Em caso de não pagamento, o devedor será reclamado, incluindo acção judicial. Podes eventualmente recuperar o teu dinheiro, mas vai demorar muito tempo.

Plataformas de crowdfunding bancário

Como vimos em algumas ocasiões, existem limites difusos entre o que é Crowdfunding "bancário" e outras variantes. Aqui estão algumas plataformas que existem no momento de escrever.

Mantenha principalmente o nome e um pouco da sua filosofia. Tenho a certeza que haverá mais nos próximos meses. E também que as que existem atualmente podem desaparecer e, sobretudo, podem mudar a forma como funciona ou as condições que oferece.

O facto de uma empresa optar pelo crowdfunding em vez de recorrer ao banco tradicional para se financiar a si própria é porque pode obter melhores condições. Em algumas ocasiões estamos falando de dinheiro, mas em muitas outras é mais porque com o Crowdfunding é mais fácil obter o financiamento (vamos lá que é mais rápido e menos documentação é necessária).

No caso de empréstimos ou outras formas de **Crowdfunding "Bancário" depende em grande parte do preço do dinheiro**.

Se as taxas de juro descerem e for mais barato financiar-se no banco, ninguém vai recorrer ao crowdfunding. E ele aumenta mais cedo ou mais tarde também será refletido nas plataformas de crowdfunding.

Digo isto porque vamos ver alguns rendimentos oferecidos pelas diferentes plataformas e estas condições podem mudar rapidamente.

Exemplo de algumas plataformas de crowdfunding "bancário"

Aqui estão algumas das plataformas de Crowdfunding bancário das quais você pode investir. No final deste livro na seção de recursos você tem uma lista muito mais extensa.

Considero que estas plataformas são as mais representativas, mas, como disse antes, há muitas mais.

Em quieroserrico.com/mejores-plataformas-de-crowdfunding/ pode sempre obter uma lista actualizada dos melhores locais para investir.

Menta

Mintos foi, sem dúvida, o rei dos investimentos. Financiamento de vários milhões de euros por mês. **Estes são empréstimos P2P**. Mintos é exatamente um grande mercado no qual muitos originadores (instituições de empréstimo) vão procurar investidores. Você pode investir a partir de 10 euros no seu mercado primário e de muito menos no secundário. Muitas das oportunidades que você tem com garantia de recompra, se quem tem que pagar não paga, você antes dos 60 dias você recupera seu dinheiro. Maiores informações sobre Mintos.

Envestio

Na Envestio podemos investir em **projectos empresariais**. Trata-se de projectos específicos e de elevado desempenho. Em alguns casos, até 22%. A quantidade de projetos é muito limitada, chegando em alguns casos a financiar projetos de 1.000.000.000 euros em poucas horas. Veja mais informações sobre o Envestio.

Grupeer

No Grupeer tem 2 tipos de projectos. Empréstimos a empresas e empreendimentos imobiliários. Podemos investir a partir de 10 euros, retornos de 15% e termos de 12 meses. Vai ter com o Grupeer.

Estas 3 plataformas que considero serem as mais representativas de cada tipo de investimento de Crowdlending disponível na Europa.

Como plataformas de Crowdlending, também me destaco:

Prado

É uma das várias plataformas de Crowdlending **México**. Esta é uma plataforma onde você empresta seu dinheiro para outras pessoas. https://prestadero.com/

Afluente

Está sediada na **Argentina**. Esta é uma plataforma onde empresta o seu dinheiro a outras pessoas. (https://www.afluenta.com/) Você também pode encontrar a Afluenta no **Peru** https://www.afluenta.pe/

Nexo

Tem sede no **Paraguai**. Esta é uma plataforma onde você empresta seu dinheiro para empresas. https://www.nexoos.com.py/

No final deste livro (na seção de recursos) você tem uma lista muito mais longa.

Capítulo 8: Crowdfunding imobiliária

A imobiliária sempre foi um negócio lucrativo. Mas estes negócios só estavam disponíveis para profissionais bem treinados. Ou grandes fortunas.

Em geral, os negócios imobiliários têm a dificuldade de exigir muito capital.

Ao mesmo tempo, cada propriedade é única e exclusiva. Não há duas casas exactamente iguais. Localização, materiais, geografia, vizinhos, etc.

Ambos estes fatores significam que apenas muito poucas pessoas podem realmente ganhar dinheiro com imóveis.

Mas o crowdfunding está a mudar tudo isto. No momento em que escrevo estas linhas eu, sem ir mais longe, investi em mais de 100 casas, várias instalações comerciais, um hotel e até mesmo um castelo no norte da Itália.

Crowdfunding permite-lhe investir numa propriedade com muito pouco dinheiro. Em alguns casos a partir de 10 euros. Embora o habitual seja 50 ou 100 euros.

A operação de crowdfunding em imóveis é simples. Baseia-se na aproximação de um grupo de investidores (em alguns casos várias centenas) e na realização de um investimento numa propriedade.

Os negócios de crowdfunding são os mesmos que os investimentos imobiliários tradicionais.

- Comprar e vender
- Compra, reforma e venda
- Comprar e alugar
- Comprar, renovar e alugar
- Comprar, renovar, alugar e vender

Reforma: Neste caso, temos de compreender a reforma no sentido mais lato do termo. Em alguns casos, a reforma consiste apenas em um pouco de decoração. Noutros casos, trata-se de um trabalho mais vasto, geralmente designado por reforma propriamente dita. E em outros é sobre novas construções.

Há também uma plataforma que está mais próxima de uma plataforma de crowdlending. Mas por causa das características dos empréstimos que decidi analisar nesta secção.

Crowdfunding em imóveis nos permite comprar imóveis que são alugados mais tarde e receber renda passiva mês após mês. Também nos permite ter uma estratégia mais especulativa e comprar e vender.

Vantagens do financiamento coletivo de imóveis

Até agora é um pouco de teoria, mas o mais notável são as vantagens práticas.

Toda a gestão da propriedade é profissionalizada e terceirizada. Isto significa que não terá de se preocupar com licenças e autorizações. Você não terá que lutar com inquilinos, construtores ou profissionais de reforma e manutenção (eletricistas, encanadores, carpinteiros, serralheiros, vidreiros).

Você também não tem que procurar por inquilinos, limpar a propriedade entre inquilinos, ou estar em cima dos pagamentos.

E acima de tudo, o que considero mais notável é que **você pode diversificar.**

Um dos meus sonhos era ter um apartamento para alugar. Passei muitos anos a poupar, fiz uma hipoteca durante vários anos e tive o meu sonho. Logo descobri que estava financeiramente preso naquele investimento. Levaria anos e anos até que eu pudesse fazer o meu segundo investimento. A renda é passiva, mas de vez em quando "rouba" muito tempo (reformas, procura de inquilinos, pagamento de impostos e suprimentos, etc.). Pior de tudo, tens todo o teu dinheiro num só lugar.

Com o crowdfunding tudo é mais fácil.

- Você pode decidir quanto investir, a partir de muito pouco dinheiro.
- Você não tem que cuidar da gestão diária, reformas e manutenção.
- Você pode facilmente diversificar

- Em algumas plataformas têm um mercado secundário. Isto é que podes vender a tua estaca sempre que quiseres.

Mas gostaria também de salientar outros aspectos importantes:

Como em todos os negócios, o segredo é comprar barato e vender caro. No negócio imobiliário isto é muito mais importante onde a diferença de 1% pode ser de vários milhares de euros.

O segredo dos peritos imobiliários é analisar centenas de oportunidades e comprar apenas uma. Como diz Kiyosaki, Olhe para 100 imóveis, faça 10 ofertas, 3 ofertas são aceitas por você e fique com apenas 1.

Se você tem tempo e vontade de seguir o conselho de Kiyosaki, essa é a melhor estratégia. Se você não o tem, deixe **sua plataforma Crowdfunding procurar por 100 propriedades para poder lhe oferecer 1**.

Você pode analisar e estudar as oportunidades já filtradas oferecidas pela sua plataforma Crowdfunding. A economia de tempo e recursos é muito perceptível. E afinal de contas, aplique os seus critérios e invista apenas onde achar que é interessante.

Relacionado com o acima é que as plataformas Crowdfunding usam a mais recente tecnologia para analisar o mercado, usar técnicas de Big Data, acompanhar o mercado, saber como os preços flutuam para cada área. Tudo isso lhes dá uma pequena vantagem no mercado e eles sabem mais precisamente quando comprar e quando vender.

As plataformas de crowdfunding podem ser consideradas um importante promotor imobiliário. Ou seja, são responsáveis pela gestão de muitas obras e reformas e também de muitas propriedades. Isto dá-lhes outra vantagem, que é a de estarem mais aptos a negociar com os fornecedores. Uma reforma para eles vai ser muito mais barata do que se tu ou eu a contratássemos.

Investir em imóveis a partir de 50 euros

Existem plataformas onde é necessário ter valores próximos de 1.000 euros. Mas, noutros casos, existem plataformas em que é possível investir a partir de apenas 50 euros.

Mesmo alguns a partir de 10 euros. Por 50 euros você terá apenas uma pequena parte de uma propriedade. Uma propriedade de 200.000 euros alugada por 800 euros por mês só lhe gerará 20 cêntimos de euro por mês. Mas onde é que vai poder comprar uma propriedade por 50 e desfrutar do rendimento do aluguer?

Com 20 cêntimos por mês você não terá liberdade financeira, mas somando 20 cêntimos desse investimento, 20 cêntimos de outro e assim por diante investimento após investimento, mês após mês as coisas mudam e se você acrescentar a isso que os 20 cêntimos de cada investimento você reinveste e aproveita os juros compostos em poucos anos já estamos falando de valores muito mais interessantes. (Em 10 anos você terá mais de 30 euros de renda por mês)

No exemplo acima, vimos apenas o rendimento do aluguer, mas as propriedades irão certamente apreciar ao longo do tempo. E alguns serão vendidos deixando retornos muito bons.

Crowdlending Imobiliário

Uma das plataformas mais notáveis da Europa é a Estateguru. Os seus projectos estão mais perto de dominar o crowdlending. Neste tipo de investimento, **você não está comprando uma parte da propriedade, mas está deixando o seu dinheiro, sob a forma de um empréstimo a um desenvolvedor** para uma compra.

Saiba mais sobre Estateguru

Plataformas de crowdfunding imobiliário

No final deste livro, na seção de recursos, você tem uma lista muito mais ampla de plataformas de crowdfunding. Mas os mais notáveis são:

Evoestate

Deveria realmente formar uma categoria especial dentro desta classificação. Não se trata de uma plataforma de investimento como a seguinte, mas sim de projectos de cerca de 12 plataformas europeias diferentes dos países bálticos, britânicos, alemães e espanhóis, incluindo outras plataformas de financiamento imobiliário como a Civislend, Bulkestate, Reinvest24 ou Inveslar.

Esta é a plataforma recente em que os investimentos podem ser feitos a partir de 50 euros.

Uma das grandes vantagens de Evoestate é que eles selecionam projetos de outros sites de crowdfunding imobiliário e classificá-los em 2 grupos:

- Projectos muito interessantes em que investem o seu próprio dinheiro: *Skin in the game*
- Resto de projetos, também interessantes mas não tanto, no Evoestate não investe (projetos sem *pele no jogo*)

Saiba mais sobre Evoestate

Brickstarter

Brickstarter é uma plataforma espanhola especializada no aluguer turístico. Em outras palavras, eles compram uma casa (geralmente renovam-na) e depois alugam-na através do airbnb e lugares semelhantes. Com retornos próximos de 10% e poder investir a partir de apenas 100 euros. É uma maneira muito fácil de entrar no grande setor turístico da Espanha.

Ver Brickstarter

Inverspot

Sediada no **México.** https://inverspot.mx/

Crowdium

Com sede na Argentina, você pode investir em pesos ou dólares a partir de 25.000 pesos. https://www.crowdium.com.ar/

MC Invest

É baseado no Peru. Você pode investir a partir de 100 dólares. http://www.mercadoyconstruccion.com/

Considero que estas plataformas são as mais representativas, mas, como disse antes, há muitas mais.

Como decidir se deseja ou não investir aqui

Decidir sobre uma plataforma ou outra pode parecer complicado, mas há algumas características que os diferenciam uns dos outros. No capítulo 10 você tem algumas dicas para escolher a plataforma. Nesta seção, vamos nos concentrar em como selecionar uma oportunidade imobiliária, independentemente da plataforma.

A primeira coisa é o senso comum e não nos deixarmos desistir por causa da ganância ou da ganância. Isto significa analisar mais do que apenas os rendimentos que nos oferecem.

Em geral, e tanto quanto sei, as plataformas de financiamento imobiliário tentam ser moderadas nas suas previsões e bastante cautelosas nos seus investimentos. Mas isso não significa que, em uma possível luta para capturar mais fundos de potenciais investidores, eles começam a oferecer oportunidades mais arriscadas.

Analise mais detalhes do que apenas a % que eles lhe oferecem.

Algumas coisas para ter em mente:

- **A localização**. Analise o máximo que puder sobre a localização do projeto. Evita, tanto quanto possível, oportunidades em países com pouca segurança jurídica. Locais afastados de tudo ou áreas com dificuldades económicas. Você não precisa conhecer a área, mas pelo menos use o google maps para encontrar a área.

- **O preço**: Se eu já sei que você vai investir apenas 50 euros ou o valor que você definiu. Mas é preciso analisar brevemente os números da operação. **Se você considerar que a plataforma está pagando demais por uma oportunidade, não invista.** Se você está pagando muito pouco, analise um pouco mais. Pode haver alguma razão oculta.

- **O período de retorno**: Não só é interessante ver os retornos que oferece, mas também quanto tempo podemos recuperar o nosso dinheiro. Recuperar o seu investimento inicial pode ser importante de duas maneiras. O custo de oportunidade, talvez mais cedo ou mais tarde você possa obter melhores retornos e se você investir agora você não será capaz de aproveitar essa oportunidade. E agora podes recuperar o teu dinheiro.

- **Garantias e opções de saída antecipada**: Algumas plataformas, alguns investimentos têm certas garantias ou a opção de vender suas ações antecipadamente. Ao mesmo tempo, invista sempre em opções mais seguras.

Crowdfunding imobiliário também permite que você conheça melhor o mercado imobiliário, você vai aprender a analisar as diferentes oportunidades e talvez um dia você vai decidir investir por conta própria sem a proteção de uma plataforma de crowdfunding imobiliário.

Capítulo 9: Financiamento coletivo no StartUp

Entendemos como crowdfunding em empresas ou StartUp, (Crowdequity, Crowdinvesting ou Crowdinvesting de "investimento") para comprar parte do capital de uma empresa. Por outras palavras, em ser parceiros.

Se você está pensando que isso é semelhante a investir no mercado de ações, você está absolutamente certo em ambos os casos, você se torna um acionista de uma empresa. Mas quando se faz através de crowdfunding, a situação é um pouco diferente:

- Com poucas exceções, se a empresa na qual você é acionista é uma empresa de capital aberto, você pode vender suas ações de forma rápida e fácil.
- Em geral, as empresas que estão na bolsa de valores são empresas já estabelecidas, que têm um fluxo de caixa e são, em princípio, rentáveis.

É claro que existem muitas mais diferenças nas áreas jurídica, fiscal, contábil, gerencial, etc., mas eu queria destacar estas 2 e ao longo deste capítulo vamos entrar em mais detalhes sobre elas.

Investir em empresas através de crowdfunding exigirá um pouco mais de dedicação e tempo. Também um pouco mais de conhecimento técnico. E vamos vê-lo com mais detalhe na secção **Investir nesta empresa?**

Pelo menos eu recomendo que você gaste um pouco de tempo analisando a empresa na qual você vai investir. Você também pode entrar em uma plataforma e investir na empresa ou empresas que você tem em financiamento naquele momento. Confiando cegamente nos critérios da plataforma.

Pelo menos as plataformas que conheço fazem um bom trabalho na seleção de empresas e só apresentam opções interessantes, mesmo assim **minha recomendação é que você sempre analise a empresa.**

Crowdinvesting é uma de todas as opções analisadas neste guia que tem os maiores rendimentos. Até agora, este tipo de investimento era reservado a **empresas de capital de risco ou de investimento.** Em média, este tipo de empresas para cada 10 empresas em que investem ganham apenas 2, mas estas empresas produzem 7 vezes o investimento realizado (dados da Venture Capital Business Association of the United States).

Vais perder todo o teu dinheiro 80% do tempo. Mas quando ganhares, vais ganhar muito. Em média, se você investir 1.000 euros em 10 projetos diferentes (10.000 euros) você terminará com 14.000 euros.

O que é um StartUp

Há muitas definições do que é um *StartUp* e do que não é. Para este tipo de investimento, quer se trate de uma empresa de capital de risco ou de investimento em Crowdfunding, queremos que a empresa cumpra estas duas características principais:

Que a empresa tem um enorme potencial de crescimento e que é escalável.

Escalável significa que quando você cresce, sua receita crescerá, mas suas despesas não, ou pelo menos não da mesma maneira. Isto porque basicamente tira partido da economia de escalas.

Se pensarmos em qualquer empresa de tecnologia, vê-la-emos claramente. Uma empresa de desenvolvimento de software precisa de técnicos para criar e desenvolver o seu produto, mas uma vez criado não importa se vende 10 ou 10,000,000,000.

Se pensarmos em desenvolver um produto físico, não é a mesma coisa porque existem os custos de produção, mas a parte de pesquisa, desenvolvimento, design, etc. Se for escalável.

Mas nem todos os projectos têm de ser tecnológicos. Embora devam cumprir estas 2 características. **Potencial de crescimento e escalabilidade.**

Outra característica que se destaca é o momento em que essas empresas estão pedindo dinheiro em plataformas de crowdfunding. Depende um pouco de cada empresa, mas em geral, essas empresas já têm um produto no mercado e estão tendo algum sucesso. Mas para crescer e expandir, ou para desenvolver ainda mais o seu produto, eles precisam de grandes quantidades de dinheiro.

Algumas delas já são lucrativas. Outros, devido à sua estrutura de custos, não o são, mas podem atingir o ponto de equilíbrio e ser rentáveis se conseguirem crescer um pouco mais.

O ciclo de financiamento de uma StartUp

Embora não seja relevante investir em uma plataforma Crowdinvesting, acho que é necessário que você saiba como funciona o que podemos chamar de "ciclo de financiamento StartUp".

Com isso você saberá em que momento você entra e em que momento você sai.

Este não é um roteiro que todas as empresas devam seguir. Normalmente nem todos os passos são dados, mas em essência o ciclo é o seguinte, e pode não seguir exatamente a ordem:

1. Um empresário tem uma ideia e pô-la em prática começa com as suas **próprias poupanças.**
2. **FFF (Friends, Family and fools)** O próximo passo é pedir dinheiro para o que em inglês é chamado de 3 F's. Amigos, família, conhecidos e "algum louco".
3. **Fundos de sementes, bolsas e prémios** Quando o projecto já tem uma forma mais definida, mesmo no papel, é possível optar por algum tipo de bolsa, especialmente as não reembolsáveis. E um concurso de ideias e projectos.
4. **Crowdfunding de recompensa**: Algumas empresas podem optar por trazer um protótipo para o mercado com dinheiro ganho através do crowdfunding de recompensa.
5. **Incubadoras, aceleradores**. Até agora, a empresa era 100% propriedade dos fundadores. A partir de agora a empresa será financiada através de parceiros. Com a entrada de dinheiro no capital social.
6. **Crowdinvesting**: É aqui que nós entramos. A empresa cresceu e precisa de mais capital
7. **Fundos de capital de risco**: Se a empresa precisa de mais dinheiro, pode recorrer a uma nova rodada de

financiamento e se precisa de muito dinheiro é quanto entra um dos grandes fundos.

8. **IPO, aquisição por um concorrente ou um grande jogador.** Estes são dois dos pontos de venda mais comuns para um investidor como nós, que a empresa se torna pública (como muito raro na Europa) ou que é comprada por uma empresa concorrente ou uma grande empresa.

9. **Bancos:** Quando as empresas são rentáveis durante anos e precisam de capital para crescer, é melhor recorrer ao financiamento tradicional. Neste caso, o dinheiro já não está em troca da adesão.

Eu disse que era um ciclo. Isto porque, se uma empresa já estabelecida no mercado pretende adquirir uma nova linha de negócio, por vezes opta por investir algum dinheiro e, em seguida, a "nova" empresa deve ser financiada seguindo toda a rota a partir do passo 3 ou 4.

Rodadas de financiamento e diluição de nossa participação

Como vimos no ciclo de financiamento, há fases em que alguns fundadores optam por financiar a sua empresa em troca da renúncia a parte da sua propriedade.

Suponha que cria uma empresa com o seu dinheiro. A empresa é sua, 100% de sua propriedade. Mas tens de investir dinheiro na empresa que não tens. O que você faz é vender uma parte da empresa para um novo sócio ou novos sócios em troca de uma participação na empresa. Vamos imaginar 10%. O capital contribuído é destinado à empresa, é para fazer a empresa crescer (o fundador também pode manter alguma coisa, todas as opções são possíveis).

Porque é que te explico tudo isto?

É importante ser muito claro sobre isso ao investir neste tipo de empresa. Vamos voltar ao exemplo anterior. 90% da empresa pertence ao fundador, 10% a um investidor. Imagina que és o investidor agora. A empresa precisa de mais capital, o fundador decide vender 50% da empresa. Atenção, **vende 50% da empresa e não 50% da tua parte**. Isso é 50% dos 90% dele, mas também 50% da tua parte. E tudo isto em troca de dinheiro que vai ficar na empresa. Nem você nem ele vão ver um euro. No seu caso, você passará de 10% da empresa para apenas 5%. **Isto é o que se chama diluição; diluição da participação.**

No exemplo, o fundador, que tinha mais de 50% da empresa, conseguiu fazer o que queria. Este é sempre o caso a nível teórico, mas na prática depende do acordo de parceria. Talvez o pacto dos sócios tenha sido estabelecido que ele não pode vender sem a sua aprovação.

Não é normal que sua participação na empresa seja diluída sem que você possa fazer nada a respeito. Mas é verdade. Digo isto porque é mais frequentemente o momento desta situação que você, como investidor, pode ter opções para manter ou mesmo aumentar a sua participação na empresa.

Mas como você pode imaginar essas opções acontecem porque você tem que "colocar" mais dinheiro na empresa. No caso anterior você teria que investir o dinheiro necessário para comprar as ações necessárias para que após a rodada de financiamento você permanecesse proprietário de 10% da empresa.

Mesmo, e isso já escapa o suficiente para esse guia, você poderia ser o único a comprar esses 50% da empresa. Note que a um nível contabilístico, a um nível matemático, está a abdicar de 50% dos seus 10% e está a comprá-lo você mesmo (ao mesmo tempo que também está a comprar 50% dos 90% que o fundador possuía).

Espero não te ter confundido muito com os exemplos. Mas se você investir em crowdfunding de investimento, é bem possível que a empresa em que você investe precise de mais capital e obtenha isso em uma nova rodada de financiamento. Nesse caso, você terá que investir mais ou ver como você se torna uma parte menor da empresa.

Onde está o meu dinheiro?

Sim, sei o que estás a pensar. Está tudo muito bem, mas quando é que vou ter o meu dinheiro de volta ou ter lucro?

Bem, tenho de te dizer que fazer lucros e recuperar o teu dinheiro são coisas bem diferentes. É assim que funciona.

Os benefícios

Algumas empresas, quando têm lucros, distribuem-nos entre os proprietários (sócios, investidores ou o que quer que lhes queiram chamar), outras não.

A distribuição ou não de benefícios depende de muitas circunstâncias. Mas, em geral, as empresas que distribuem lucros já são empresas estabelecidas, empresas que já cresceram o máximo que puderam.

As empresas que têm grandes planos de expansão e crescimento não distribuem lucros (há sempre exceções).

Quando você investe em uma empresa no crowdfunding de investimentos, essas empresas precisam e querem crescer. Mas é possível que em poucos anos eles cheguem a um ponto que já lhes custa mais para crescer, serão empresas mais consolidadas e terão planos mais conservadores.

Neste ponto, é possível que a empresa comece a distribuir lucros e você, como um dos seus proprietários, receberá a sua parte.

Recupere o seu investimento inicial

A outra forma de ganhar dinheiro com o seu investimento Crowdfunding é vender a sua participação. E aqui estão dois cenários possíveis. Se você decide individualmente vender a sua parte ou se a venda ocorre devido a outras circunstâncias.

Vamos começar com estas outras circunstâncias. Na secção do ciclo de financiamento de uma StartUp vimos no ponto 8 estas saídas.

Quando chegar a hora, a empresa em que você investiu pode estar na mira de uma grande empresa. Venha em uma grande empresa, você pode pensar em google, Microsoft, Apple, mas também um banco, uma companhia de seguros, ou algo muito menor. Esta grande empresa faz uma oferta de compra para toda a empresa, ou seja, para a sua parte também. Neste caso, a empresa é vendida (adquirida) e você recebe a sua parte.

Outras vezes não é uma aquisição, mas uma empresa concorrente. O caso é o mesmo, eles compram-te a tua parte e tu ficas com o teu dinheiro.

Se esta situação surgir, você provavelmente receberá um grande valor agregado.

Outro caso é o de uma nova rodada de financiamento entre um novo investidor. Mas, neste caso, não é à custa de diluir a sua participação, mas em troca da sua participação. Quero dizer, eu compro a tua parte e, portanto, tu recebes o teu dinheiro de volta.

Se "alguém" vem e compra a empresa em que você investiu e lhe paga sua parte, não é uma garantia de que você vai ganhar dinheiro. Se a empresa cresceu, contas mais e não tem grandes dívidas, agora valerá mais. Mas também é possível que esteja cheio de dívidas e que o seu investimento seja inútil.

Vender a sua participação por conta própria

As condições de sua participação na sociedade são estabelecidas em um documento chamado **"acordo de sócios"** que especifica muitas coisas sobre a operação da sociedade e especialmente tudo relacionado a possíveis novas rodadas de financiamento, venda de suas ações, e assim por diante.

A coisa mais comum é que você pode vender sua participação individualmente para quem quiser. Mas neste caso "você cozinha, você come", ou seja, **se você encontrar alguém que compre sua participação, você pode vendê-la pelo preço que quiser**.

Algumas plataformas estão começando a criar um mercado secundário, uma área onde você pode entrar em contato com outros investidores e lá é possível vender sua parte.

Não é algo muito frequente na Europa e nos países hispânicos, mas em lugares como os Estados Unidos.

Só porque não é frequente não significa que não seja possível. A empresa em que investiu decide tornar-se pública. Neste caso, para ti, é como uma nova ronda de financiamento. Pode ter de vender a sua estaca ou pode apenas diluir-se.

O IPO não significa que te tornes automaticamente milionário. Mas na operação de IPO é também uma de suas saídas possíveis e recuperar seu investimento.

Se você decidir não tirar vantagem dessa saída, as coisas de agora em diante serão muito mais fáceis se você decidir vender. Se a empresa for listada, você já está livre para vender suas ações (agora chamadas de ações) no mercado (a bolsa de valores).

Nota: Quando uma empresa se torna pública, o valor de suas ações geralmente se multiplica. Isto porque o mercado valoriza-o não pelo seu valor actual, mas pelo seu valor futuro. O IPO de uma empresa é geralmente muito controlado, tentando sempre tornar as condições o mais favoráveis possível.

Conclusão
Investir em crowdfunding no StartUp, Crowdinvesting, é arriscado, mas acima de tudo é um investimento a muito longo prazo.

Ser capaz de sair do seu investimento não é fácil e, acima de tudo, não depende de você. Por isso, se vais precisar do teu dinheiro, é melhor ficares longe deste tipo de investimento.

Se você investir em um bom projeto, o projeto é bem gerido e o mercado aceita que você terá um grande investimento, mas de lá para você ganhar dinheiro ainda pode passar o tempo.

O pacto dos parceiros

Já comentei brevemente este documento. Se você investir neste tipo de crowdfunding você deve conhecer o pacto de parceria.

O acordo de accionistas é um documento que descreve o funcionamento da sociedade e a sua relação com os seus accionistas. Pegam em coisas tão importantes como quem toma cada decisão. Por outras palavras, que decisões podem ser tomadas pelo CEO e que decisões devem ser tomadas pelo conselho de administração.

Aspectos como quem pode fazer parte do conselho de administração também estão incluídos. bem como todas as informações que devem ser fornecidas aos parceiros ou investidores.

Em princípio, você como um parceiro deve ser informado de tudo o que acontece na empresa e participar de todas as decisões. Embora isto pareça bom a um nível teórico na prática, não está operacional. É por isso que o pacto dos sócios é criado.

Os "accionistas minoritários" não podem, em geral, fazer parte do conselho de administração. Dispor de toda a informação económica relevante da sociedade, mas apenas sob a forma de relatórios trimestrais e anuais. E podem fazer perguntas e comunicar-se com a empresa, mas através de um canal ou interlocutor estabelecido.

Mas tudo isto depende do pacto de parceria.

Crowdfunding de recompensa

No capítulo 4 já vimos tudo relacionado ao crowdfunding de recompensas.

A diferença com este tipo de investimento é que em nenhum caso você vai se beneficiar dos sucessos futuros da empresa. E suas recompensas nunca serão na forma de dinheiro, é verdade que certas recompensas você pode vender e fazer um lucro.

Mas o crowdfunding de investimento é muito mais do que tudo isto.

Plataformas de crowdfunding em novas empresas

Estas são algumas das plataformas do Crowdinvesting. Na seção de recursos, é possível encontrar uma lista muito mais extensa.

Socios inversores
https://www.sociosinversores.com

Startup Xplore
https://startupxplore.com/es

Play Business
Tiene sede en **México**. https://playbusiness.mx/

Broota
Tiene sede en **Chile**. https://inversion.broota.com/

Eu investo nesta empresa?

Investir em crowdinvesting é semelhante a investir no mercado de ações (investir no mercado de ações com uma estratégia de *buy and hold*, ou uma estratégia de investimento de valor). Quero dizer, tens de analisar onde pões o teu dinheiro. Mas com a grande diferença de que não há volta a dar aqui, não vais conseguir sair tão facilmente.

Muitas das dicas que você tem abaixo também estão em livros deste tipo de investimentos no mercado de ações. Eu cito aqueles que considero mais importantes (ordenados do mais importante ao menos importante)

O negócio faz sentido para você

Talvez este seja o mais rápido de analisar e o menos objetivo de todos.

Mas basicamente é a tua própria opinião. O que esta empresa oferece faz sentido para você. É algo que você compraria ou pensaria que alguém compraria?

Se você não entende como a empresa vai ganhar dinheiro, ou não entende o negócio porque você vê algo muito complexo ou difícil, não pense mais nisso, fique longe desse tipo de investimento.

Um bom negócio é fácil de entender. *A Coca-Cola faz um refrigerante. Ford = carros. Microsoft = software, Facebook e Google = publicidade (este caso pode ser mais difícil de entender como funciona, mas o seu negócio é publicidade).*

Inversor de referência; Skin in the game

Algumas plataformas de crowdfunding de investimento apresentam projetos que vêm "patrocinados" por um investidor de referência. E em outros a própria plataforma também investe.

Se nenhum dos casos aparecesse, eu não investiria.

Mas o que é um investidor de referência?

O investidor de referência é um investidor profissional, que investe **uma grande parte do seu próprio dinheiro** no projecto. Normalmente, além do seu dinheiro, você faz parte do conselho de administração ou, pelo menos, está pessoalmente envolvido no projeto de alguma forma. Por outras palavras, não só investe dinheiro no projecto, como também o seu conhecimento e tempo.

O facto de um investidor com estas características decidir investir o seu dinheiro deve dar-nos uma certa garantia. Mas lembrem-se também que, enquanto investidores, investimos por vezes uma pequena quantidade de dinheiro em algo muito arriscado e, se acabarmos por perder todo o dinheiro, a nossa economia não irá sofrer.

Portanto, quanto mais envolvimento, mais dinheiro o investidor de referência investir, melhor.

Mas tão importante como tempo ou dinheiro, quem é o investidor?

Se o investidor está a investir em algo que ele ou ela dominou através da sua experiência e/ou formação, este é um ponto a nosso favor.

Vou lhe dar um exemplo, o investidor acaba se tornando rico depois de fazer parte de uma empresa dedicada à pesquisa de medicamentos e o projeto é algo relacionado a essa indústria, isso é algo muito favorável. Mas se estás a investir numa empresa aeroespacial, não importa.

Você deve ter em mente que o investidor de referência tem conhecimento, mas também contatos que podem facilitar o sucesso da empresa.

A equipa de gestão é de confiança

Outro fator decisivo quando se trata de investir é quem faz parte da empresa. Especialmente os fundadores, mas também o conselho de administração.

Assim como no caso do investidor de referência foi importante conhecer algo de sua trajetória, neste caso é de vital importância.

Estás a deixar o teu dinheiro nas mãos dele. Ou confias neles ou é melhor não investires.

Outro fato importante é que não só o seu dinheiro está em suas mãos, mas o seu próprio dinheiro também está em suas mãos. Os gerentes da empresa também devem ser sócios.

A empresa está a ganhar dinheiro

Se você está indo para investir em crowdfunding investimento este é um fato importante. Não é tão relevante como os anteriores, mas se você deve ter encontrado muito.

A melhor coisa é que a empresa tem benefícios, mesmo que sejam apenas 1€. Ser um candidato ao StartUp para investimento Crowdfunding não é razão para não ganhar dinheiro. Se precisas de dinheiro, é para crescer, não para curar.

Se a empresa não tem lucro, também não é decisiva. O que é decisivo é que **a empresa deve estar a ganhar dinheiro. Ele já deve ter clientes e vendas**. Por outras palavras, o mercado já validou a sua ideia de negócio.

Você está protegido da competição

Um último factor que considero um dos mais importantes a ter em conta é a possível concorrência.

Mas não apenas a concorrência actual, mas o mais importante é a concorrência futura.

Se esta empresa vende um grande produto, algo novo no mercado. Mas este produto é facilmente copiável e reprodutível, é apenas uma questão de tempo até que novos concorrentes apareçam.

Portanto, se tiver algum tipo de patente, algum tipo de vantagem competitiva ou qualquer factor que torne mais difícil para um concorrente melhor aparecer.

Às vezes é apenas uma questão de ser um nicho muito, muito específico. E eu explico com um exemplo imagine que numa pequena cidade há apenas uma loja de hardware (ou o que quiser) este negócio ganha o suficiente para sobreviver e pouco mais. Se outra pessoa na cidade criar uma loja de hardware e os clientes se separarem mais ou menos, não haverá clientes suficientes para ambos. Isto vai fazer com que ambos percam dinheiro. Isto é uma vantagem mais do que suficiente. **Se aparecer um novo concorrente, ambos perdem.**

Parte III Conclusões

Capítulo 10: Dicas práticas para investir em crowdfunding

O crowdfunding permite-nos investir a partir de montantes muito pequenos e em projectos que, em alguns casos, foram reservados apenas a grandes investidores.

Neste guia eu dividi o Crowdfunding em 3 tipos diferentes de investimentos. Como podes verificar se cada um tem características diferentes? Produtos totalmente diferentes, diferentes termos de investimento e diferentes riscos e retornos.

Crowdfunding permite-lhe emprestar as suas poupanças a particulares e empresas como se fosse um banco. Ele permite que você se torne um "desenvolvedor" ou um "proprietário de terras". E ainda permite que você ajude a criar negócios e se beneficie de ser um dos primeiros investidores.

Este Guia tem um subtítulo: **aprenda a investir** por 50 euros ou menos e este capítulo é dedicado especialmente a ensinar-lhe como investir.

No capítulo 7 você tem alguns conselhos sobre Crowdlending, no capítulo 8 eu lhe dei alguns conselhos a considerar antes de investir em uma propriedade. E no capítulo 9 alguns conselhos para antes de decidir investir numa empresa. Estas dicas são igualmente válidas se você investir graças a uma plataforma de crowdfunding ou por conta própria.

Neste capítulo, abordaremos um dos pontos mais importantes sobre o crowdfunding. **Escolher a plataforma certa**. E outra coisa qualquer.

Mas antes disso, quero dar-lhe um conselho de investimento mais genérico.

Talvez aconteça com você como aconteceu comigo, no início, quando descobri o Crowdfunding, fiquei muito animado e comecei a investir mais dinheiro do que deveria. Digo isto porque chegou uma altura em que eu tinha muito do meu dinheiro para investir numa plataforma.

Nota: Não confunda dinheiro para investimento com poupança, se você quiser saber mais, eu explico no meu primeiro livro Eu quero ser rico: Obter liberdade financeira em 5 passos.

Nessa altura, começaram a surgir dúvidas sobre se a plataforma era segura, se esse tipo de crowdfunding era seguro. O que acontece se a plataforma fechar ou falir, etc.

Para evitar esses pensamentos e dúvidas, é preciso **diversificar**. Diversificar não só em diferentes projetos, mas também em diferentes plataformas.

Uma maneira de diversificar é que uma parte do nosso dinheiro esteja em uma plataforma e outra parte em outra, ou em várias. Embora eu prefira fazê-lo de outra forma, **use apenas uma plataforma por vários meses até chegar a um montante pré-definido de dinheiro**. Assim que tiver atingido esse montante, procure outra plataforma. Você pode continuar a investir no primeiro, mas em montantes muito menores.

Não importa como você faz isso, mas eu recomendo que você não tenha todos os seus ovos na mesma cesta.

É melhor investir 50 euros em 100 empréstimos do que 100 euros em 50 empréstimos.

Você também pode diversificar com diferentes tipos de crowdfunding, especialmente considerando que as condições de investimento são totalmente diferentes. No meu caso, comecei com crowdfunding imobiliário e depois continuei com crowdfunding bancário. No momento estou analisando vários projetos de crowdfunding no StartUp há vários meses, embora ainda não tenha investido em nenhum deles, mas é só uma questão de tempo.

Outra dica é que antes de decidir sobre uma plataforma decidir primeiro porque Crowdfunding tipo que você gosta mais. Talvez Crowdfunding seja apenas um passo antes de você decidir investir por conta própria.

Qualquer um pode inscrever-se numa plataforma e carregar no botão de troca. É simples, você se cadastra com todos os seus dados, carrega sua ID em uma foto ou pdf, faz uma transferência e você pode começar a investir.

Sendo um pouco prudente, é mais do que suficiente para ganhar dinheiro com as suas poupanças. Se este é o seu caso e começa assim, recomendo que continue a formar. Escolha um tipo de Crowdfunding, o que você mais gosta, **e invista nele.**

Há milhares de maneiras de investir. Há oportunidades todos os dias. Cada sistema tem as suas particularidades, vantagens e desvantagens. Neste guia apresentei-vos um formulário que acredito ser acessível a todos. Você pode querer "colocar" todas as suas economias em plataformas de crowdfunding ou apenas 5 ou 10% de suas economias. Todas as opções são possíveis.

Como escolher uma plataforma Crowdfunding

Há vários fatores a levar em conta para descartar uma plataforma ou decidir por ela.

Meu principal conselho é que você escolha apenas uma plataforma e comece a investir nela até chegar lá uma quantidade de dinheiro que você já estabeleceu anteriormente. Se você tem pouco dinheiro e investe 50 euros por mês, você pode colocar o seu limite em cerca de 1.000 euros. Uma vez que essa quantidade tenha sido atingida, ela começa em outra plataforma. Você mantém o seu investimento inicial e até o aumenta graças aos juros, reinvestimentos e alguma quantia extra que você pode investir. Mas a maioria dos seus investimentos deve ir para a segunda plataforma.

Conforme você acumula mais e mais dinheiro, você deve evitar ter mais de 25% de seus investimentos em uma única plataforma de crowdfunding.

Tendo dito tudo isso, vamos ver quais aspectos levar em conta nas plataformas de crowdfunding.

País da plataforma

Recomendo que invista em plataformas no seu próprio país. Isto é por várias razões. Entre eles uma possível troca de moeda.

Se você investir em um país com uma moeda diferente, uma variação na taxa de câmbio pode fazer você ganhar muito dinheiro ou perder muito. Considerando o tipo de investimento que é o Crowdfunding, eu não colocaria mais risco, exceto em casos específicos.

Se investir no seu país, não deve ter qualquer tipo de problema fiscal com a plataforma, como dupla tributação, fazer retornos especiais para dinheiro no estrangeiro OU precisa de conhecer os regulamentos fiscais de ambos os países.

Nota: em Espanha, os lucros obtidos com Crowdfunding são considerados Rendimentos de Capital Móvel e deve pagar o Imposto sobre o Rendimento das Pessoas Singulares (IRPF) correspondente. Algumas plataformas não reter o IRPF correspondente, levá-lo em conta, isso não é grave, mas quando você tem que fazer as contas com a agência fiscal na sua próxima declaração de imposto de renda, você terá que pagar o que não foi retido.

Existem plataformas que, embora estejam em outro país, conhecem os seus regulamentos nacionais e lhe dão todas as informações que você precisa para manter seus impostos atualizados. Pelo menos, certifica-te que consegues obter toda esta informação facilmente.

Outras vantagens de investir em seu próprio país é que você vai conhecer a situação econômica, política e jurídica melhor do que em um país estrangeiro.

Noutros casos, terá de cumprir uma série de requisitos adicionais, que o país em que pretende investir lhe pede. Noutros casos, os não residentes não podem investir.

Dito isto, se quiseres investir num país estrangeiro, podes fazê-lo, mas pergunta primeiro sobre estas questões.

Nota para a Europa: se vive num país **da zona euro**, teoricamente não deve ter problemas em investir em qualquer outro país da zona euro. Isto é assim na teoria, mas na prática cada país tem impostos diferentes e você pode enfrentar problemas de ter que pagar impostos em 2 países. O que acabará por tornar o seu investimento muito menos rentável. Certifique-se de que isso não aconteça, muitas das plataformas não aplicam os impostos retidos na fonte apropriados, isso você terá que fazer mais tarde em sua declaração de imposto de renda.

Investimento mínimo
O investimento mínimo não é um factor muito importante na avaliação de uma plataforma. Mas se sabes se podes ou não investir.

É melhor investir pequenas quantias todos os meses do que apenas uma vez por ano. Portanto, você deve ser capaz de fazer um investimento mínimo uma vez por mês, ou a cada 2 ou 3 meses no máximo.

Investimento da própria plataforma
O investimento no StartUp Crowdfunding principalmente e no financiamento do crowdfunding imobiliário é uma garantia adicional de que a própria plataforma investirá parte do seu dinheiro no próprio projecto. Se a plataforma também estiver exposta ao risco de cada operação, você tem que dar a eles a segurança de que eles vão se preocupar mais com o sucesso do investimento.

Inversão automática
Especialmente em Crowdlending é bom que a plataforma tem algum sistema de reversão automática. Ou seja, você previamente seleciona alguns parâmetros por meio de filtros e a

plataforma faz os investimentos para você, sem que você tenha que fazer nada.

Vou dar-lhe um exemplo, você encomendar a plataforma para investir 50 euros por oportunidade, sempre que possível. E que as oportunidades têm um rendimento entre 5 e 10% são menos de 24 meses e que no Scoring interno da plataforma é classe A, B ou C.

Neste tipo de plataformas, dada a velocidade dos investimentos, é melhor deixá-lo em modo automático, garantindo assim que o máximo do seu dinheiro é sempre investido.

Suporte / Atenção ao inversor

Antes de investir você pode testar a plataforma e seu serviço ao investidor. Entre em contato com eles para perguntar sobre qualquer aspecto da plataforma.

Não importa se eles têm isso claramente explicado em seu site. Trata-se de verificar o quão rápido eles são. Se eles lhe responderem corretamente, se lhe derem todas as informações que você pede e algo mais ou exatamente o contrário.

Se eles forem lentos, encaminhe você para outros lugares, ou pense que você não está sendo tratado bem o suficiente, isso provavelmente não é um bom lugar para deixar seu dinheiro.

Comissão

Não só devemos olhar para os juros ou rendimentos que nos dão pelo nosso dinheiro, como também devemos preocupar-nos com as comissões que nos cobram.

As comissões são uma forma de nos fazer ver que podemos ganhar muito mais dinheiro. Eles sempre nos falam sobre os interesses que podemos ganhar, mas raramente sobre comissões. Tenha em mente as comissões.

Muitas plataformas não cobram comissão aos investidores ou você tem comissões muito baixas, outras até cobram 20% ou mais de seus lucros. **A diferença é muito importante**.

Regulamentado pela CNMV

Em Espanha, a CNMV (Comissão Nacional do Mercado de Valores Mobiliários) é responsável por regulamentar tudo o que está relacionado com os investimentos.

Alguns investimentos em crédito hipotecário não estão sujeitos à concorrência da CNMV. Mas a maioria deles sabe.

Para ser uma plataforma de crowdfunding e operar em Espanha não é necessário ser autorizado pela CNMV.

Ter uma autorização da CNMV não garante que, se algo der errado, você terá o apoio da administração, uma garantia extra ou que a CNMV evitará coisas estranhas.

Ser autorizado é mais uma prova de que a plataforma é um pouco mais controlada, mas não lhe garante nada. Por favor, note que às vezes, a fim de ter esta autorização que só tiveram de apresentar um formulário, nada mais.

Dito tudo isto, é sempre melhor contar com o regulador que dá luz verde à plataforma do que não a ter. Pelo menos garante-nos que não são apenas fachadas e que há outra coisa lá atrás.

Não conheço a legislação de todos os países, mas é sempre melhor que a plataforma esteja sob o radar **das entidades reguladoras**. Pelo menos dá-me um pouco mais de paz de espírito.

Mercado secundário

Há investimentos mais ou menos líquidos. Por outras palavras, pode sair do investimento e recuperar o seu dinheiro.

Se você possui ações em uma empresa como a Apple, você pode vendê-lo imediatamente (exceto em dias não úteis), mas se você tem uma casa no meio do nada, você pode não encontrar um comparador para os anos.

Algumas plataformas de crowdfunding permitem que você venda suas ações antes de finalizar o investimento. E fazem-no com um mercado interno. Onde os investidores podem comprar as oportunidades de investimento uns dos outros. A plataforma só coloca os investidores em contato e facilita a transação. Em alguns casos, a própria plataforma compra as ações (com um pequeno desconto), mas se você precisar, você pode receber seu dinheiro de volta.

Se você investir dinheiro que não vai precisar e confiar nos investimentos que este mercado secundário faz, ele não lhe dará nada. Mas nunca é muito para poder vender cedo.

Garantias

Algumas plataformas dão-nos uma garantia extra. Caso o nosso investimento não corresponda às nossas expectativas, temos um seguro ou uma recompra automática do nosso investimento.

Não importa como se chama o mecanismo ou exactamente como funciona. O que nos interessa é que o nosso investimento seja protegido.

Normalmente, apenas algumas plataformas de Crowdlending nos dão essa possibilidade.

Como um aspecto negativo é que estas garantias têm um preço, este preço é um juro mais baixo para os nossos investimentos.

Não devemos confundir esta garantia de plataforma, empréstimos com garantia de recompra, plataforma de crowdlending ou uma Sociedade de Garantia Mútua (SGR) compromete-se a reembolsar o empréstimo se o atraso for de um certo número de dias. Com uma garantia colateral.

A garantia é que o empréstimo é garantido por um ativo. Por exemplo, em uma hipoteca, o ativo é a casa que você compra. Executar este tipo de garantia nunca é rápido, nem simples, nem lhe garantirá um retorno do seu investimento (o activo poderia ter sido desvalorizado). Mas pelo menos esta garantia é apoiada por algo físico e tangível e não apenas uma promessa de pagamento (você pode não receber todo o seu dinheiro de volta, mas você não vai perder tudo também).

Operação e investimento numa plataforma de crowdfunding

Embora cada uma das plataformas Crowdfunding funcione de forma diferente, há muitas semelhanças entre elas.

O registo é normalmente um processo de 2 passos:

1. **Você se registra fornecendo seus dados:** O mesmo que em qualquer outro site
2. **Documentação adicional**: Em alguns casos é suficiente tirar uma foto da sua documentação. Em outros casos, é solicitado que você imprima um documento e o envie a eles por correio ou courier.

Em certas plataformas, estes dois passos são feitos ao mesmo tempo. Em outras plataformas é-lhe pedido para verificar se é o titular da conta corrente que indicou, isto é feito simplesmente por uma transferência (tem de enviar dinheiro da sua conta corrente para a conta associada à plataforma).

Uma vez que sua conta esteja ativa, você só precisa ter dinheiro depositado na plataforma. O habitual é por transferência, mas você pode ter opções para usar um cartão de crédito ou alguma outra possibilidade.

Nota: O meu conselho é começar devagar. Conhecer primeiro a plataforma, como funciona, prazos, mecanismos, etc. Seu primeiro investimento é treinar-se em como tudo funciona. Mas também é uma questão de controlar o risco que estás a correr, deixa-os ganhar a tua confiança antes de colocarem mais dinheiro.

Bem, tens a tua conta activada e dinheiro na conta. O habitual é que a plataforma lhe ofereça alguma oportunidade, investimento, projeto (chame-o como você chama é onde você pode investir). Frequentemente é apenas 1 investimento ou um grupo muito pequeno. Uma vez concluído um investimento, apresentam um novo investimento. Normalmente fazem isso, não abrem novas oportunidades até que as antigas sejam fechadas.

Você decide se quer investir agora ou esperar por uma próxima vez. Se você investir é apenas uma questão de 2 ou 3 cliques do mouse. Você entra a quantia e dá-lha para ele aceitar.

E é isto. Em geral, pelo menos nas plataformas em que investi, é muito simples e intuitivo. Em caso de dúvida, pode perguntar à plataforma. Lembre-se, uma maneira de saber se a plataforma é confiável ou não é fazer perguntas para avaliar o quão ágeis eles são e mostrar interesse real em nós.

Antes de terminar com as plataformas Crowdfunding recomendo que faça outro teste no início. Este teste é um dos que considero mais importantes. **Leve dinheiro da plataforma para a sua conta.** Sim, exactamente isso, vê como funciona o sistema para recuperares o teu dinheiro.

Como você tem que recuperar seu dinheiro, quanto tempo leva para ter o dinheiro em sua conta, você tem que fazer alguma solidão extra, há uma quantia mínima, etc?

Se quiseres começar a investir 100 euros. Você pode ir para a plataforma 150 ou 110 e uma vez que o dinheiro chega à plataforma pedir para retirar os 50 ou 10 euros que você não pretende investir por enquanto.

Recursos

Principais plataformas de crowdfunding

Visitar

 https://quieroserrico.com/mejores-plataformas-de-crowdfunding/ para saber quais plataformas de Crowdfunding eu estou recomendando no momento em que você está lendo isso. Esta é uma lista que atualizo periodicamente de acordo com o comportamento do mercado e de cada um deles.

Lista das principais plataformas de crowdfunding no mundo hispânico

A lista seguinte não pretende ser uma lista exaustiva de plataformas Crowdfunding nas quais podemos obter retornos para o nosso dinheiro. Certamente existem mais plataformas ou podem surgir nos próximos meses.

Esta lista está dividida em 2 grupos. Europa e América.

Em princípio, a partir de Espanha é possível investir em qualquer plataforma localizada em qualquer país da Europa do Euro.

As plataformas de crowdfunding de recompensa e solidariedade são muito populares na América. No que se refere ao investimento, trata-se de casos mais isolados, mas estou convencido de que é apenas uma questão de tempo até que mais casos surjam.

Crowdlending na Europa

Sediada em Espanha

Arboribus
https://www.arboribus.com/

Financiamento a empresas para um projecto específico

Circulantis
https://circulantis.com/

Especializada no financiamento de empresas de curto prazo (desconto de notas promissórias e adiantamento de faturas).

Colectual
https://colectual.com/

Financiamento a empresas para um projecto específico

Ecrowd
https://www.ecrowdinvest.com/

Financiamento a empresas para um projecto específico

Finanzarel
https://www.finanzarel.com/inversores/

Especializada no financiamento de empresas de curto prazo

Grow.ly
https://www.grow.ly/

Financiamento a empresas para um projecto específico.

MyTripleA
https://www.mytriplea.com/

Investimento em empréstimos e factoring

Zank
https://www.zank.com/

Investimento em empréstimos.

Com sede em outros países europeus
Bondora
https://bondora.com/

Oferece diferentes "produtos" para tornar as nossas poupanças rentáveis a partir de empréstimos rápidos aos consumidores. Sua opção Go & Grow é ideal para novatos neste tipo de investimento. No **momento de escrever estas linhas esta plataforma está no meu top 5 crowdlending**.

Coinloan
https://app.coinloan.io/

CoinLoan é a primeira plataforma de empréstimo P2P para empréstimos garantidos por criptografia ativos. Os mutuários ganham dinheiro sem vender criptoactivos. Os investidores oferecem empréstimos e obtêm retornos competitivos. O excesso de colateralização garante o reembolso total a tempo

Crowdestor
https://crowdestor.com/

Seguindo o modelo que o Envestio popularizou. Crowdestor atualmente oferece empréstimos para investidores com uma taxa de juros de cerca de 18%. A partir de 50 euros podemos investir em empréstimos que, embora não tenham garantia de recompra se tiverem garantias adicionais, ao mesmo tempo que a Crowdestor criou um fundo para cobrir possíveis perdas dos investidores.

Debitum Network
https://debitum.network/

Você pode investir através do seu dinheiro em euros, dólares ou Bitcoin ou Ethereum. Com um retorno médio de 10% sobre os investimentos de apenas 10 euros, a garantia de recompra tem algumas coisas interessantes para diversificar a nossa carteira.

DoFinance
https://www.dofinance.eu/

É possível investir automaticamente em empréstimos ao consumidor.

Ekassa
https://ekassa.eu/en

De apenas 1 euro, 10% de retorno e recompra garantida é uma das plataformas de crowdlending a ter em conta na diversificação. .

Envestio
https://envestio.com/

Esta plataforma é um pouco diferente, você pode investir em projetos imobiliários, energia, mineração criptasonedas. Com rendimentos máximos de 18, 20 e 22%, respectivamente. No **momento de escrever estas linhas esta plataforma está no meu top 5 crowdlending**

Fast Invest

Fast Invest é uma plataforma de investimento **britânica para empréstimos P2P**. Você pode investir em empréstimos de originadores na Espanha, Reino Unido, Dinamarca e Polônia. No **momento de escrever estas linhas esta plataforma está no meu top 5 crowdlending**

https://www.fastinvest.com/es

Finbee
https://www.finbee.it

A partir de apenas 5 euros esta empresa lituana permite-nos investir nos melhores empréstimos P2P. Com juros a 16% é o melhor retorno das nossas poupanças. Embora não tenha garantia de recompra.

Flender
https://www.flender.ie/

Plataforma irlandesa para o financiamento de empresas e particulares irlandeses.

Grupeer
https://www.grupeer.com/es

No momento de escrever estas linhas esta plataforma está no meu top 5 crowdlending

Iban wallet
https://www.ibanwallet.com/es/

Ele nos oferece empréstimos altamente seguros com retornos de 2,5% e sua sede fica no Reino Unido.

Kuetzal
https://www.kuetzal.com/

O Kuetzal é uma das plataformas mais ruidosas dos últimos meses. A partir de 100 euros podemos investir em projectos com retornos superiores a **16%** e em alguns casos com garantia de recompra. Assim como as plataformas como a Envestio são especializadas em empréstimos a empresas para o desenvolvimento de projetos.

Lendix / october
https://es.october.eu/inversores/

Costumava chamar-se Lendix. Você pode investir a partir de 20 euros para financiar empresas para um projeto específico

lenndy
https://system.lenndy.com/

Lenndy oferece-nos retornos de cerca de 12%, auto-investimento, empréstimos de apenas 10 euros e garantia de recompra. É comparável ao Mintos.

Mintos
https://www.mintos.com/es/

Mintos é sem dúvida **o rei de todas as** plataformas de Crowdlending. É um mercado de empréstimos. Você pode investir em um grande mercado secundário de empréstimos de muitos países, incluindo Espanha. No **momento de escrever estas linhas esta plataforma está no meu top 5 crowdlending**

Monethera
https://monethera.com/

Esta plataforma de investimento segue o modelo de negócio que a Envestio estabeleceu no seu dia-a-dia. Com empréstimos com retornos de 18%, está actualmente a crescer estratosfergicamente.

Monestro
https://www.monestro.com/

Se você gosta de procurar retornos elevados esta é a sua plataforma com apenas 10 euros, você pode investir em empréstimos acima de 25%, sim, sem garantia.

PeerBerry
https://peerberry.com/en/

A partir de 10 euros você pode investir em um mercado de empréstimos pessoais.

PrepayWay
https://prepayway.com/

Esta plataforma suíça está em processo de busca de investidores para gastar um agente inovador no negócio bancário e outros serviços públicos apoiados pela tecnologia Blockchain.

Robo.cash
https://robo.cash/

É um mercado para empréstimos pessoais.

Swaper
https://www.swaper.com/

Outra das plataformas mais interessantes na Lituânia, com empréstimos garantidos com rendimentos médios de 12% e por apenas 10 euros é uma grande oportunidade para testar o investimento em Crowdlending.

Twino
https://www.twino.eu/en/

Empréstimos a particulares

Viainvest
https://viainvest.com/

É um mercado de empréstimos a empresas e particulares.

Viventor
https://www.viventor.com/

É um mercado para empréstimos pessoais.

Wisefund
https://wisefund.eu/en/

Com retornos de até 22%, Recompra Garantida em todas as suas transações, investimentos de apenas 10 euros, juros desde o primeiro dia. Torna-a digna de ser seguida. Seguindo um pouco o modelo de investimento iniciado pela Envestio

Crowdlending na América

Argentina
Afluente
https://www.afluenta.com/

Chile
Crowdfunding.cl
http://www.crowdfunding.cl/

México
Doopla
https://www.doopla.mx/

Konsigue
https://www.konsigue.com/

Kubo Financiero
https://www.kubofinanciero.com/Kubo/Portal/index.xhtml

Pitchbull
https://www.pitchbull.com/

Prestadero
https://prestadero.com/

Yo te presto
https://yotepresto.com

Paraguay

Nexoos
https://www.nexoos.com.py/

Prestamena
https://www.prestamena.com/

Perú

Afluenta
https://www.afluenta.pe/

Crowdfunding imobiliário na Europa
Sediada em Espanha

Alfabricks
http://alfabricks.com/

BitofProperty
https://www.bitofproperty.com/

Brickstarter
https://brickstarter.com/

Um compromisso claro de especialização no sector do turismo é a Espanha. Permite-nos investir no sector do turismo de uma forma fácil e simples.

No momento de escrever estas linhas esta plataforma está no meu top 5 crowdlending

Bricks&People
https://www.bricksandpeople.com/

Civislend
https://www.civislend.com/

icrowdhouse
https://www.icrowdhouse.com

Inveslar
https://inveslar.com/

Invesreal
http://www.invesreal.com/

Housers
A plataforma tradicional espanhola e líder no sector imobiliário em termos de investimentos e investidores. No **momento de escrever estas linhas esta plataforma está no meu top 5 de Real Estate Crowdfunding**

https://www.housers.com/

Privalore
https://www.privalore.es/

Stock Crowd In
https://www.stockcrowdin.com

Tu crowdfunding inmobiliario
http://tucrowdfundinginmobiliario.com/

Urbanitae
https://urbanitae.com/

Sediada fora de Espanha

Bricksave
https://www.bricksave.com/es/

Bulkestate
Como muitas outras plataformas está na Estónia e podemos investir a partir de 50 euros em imóveis na Estónia, Letónia e Bulgária, entre outros países.

A rentabilidade média dos seus projectos é de cerca de 14-15%.

Bulkestate.com

Crowdestate
https://crowdestate.eu/home

Crowdestate não só tem oportunidades em imóveis, mas também em empréstimos com garantias hipotecárias e empréstimos P2B. A rentabilidade é actualmente de cerca de 16%. **No momento de escrever estas linhas esta plataforma está no meu top 5 de Real Estate Crowdfunding**

Envestio
https://envestio.com/

Aqui você pode encontrar outros projetos além de imóveis. No **momento de escrever estas linhas esta plataforma está no meu top 5 de Real Estate Crowdfunding**

Estateguru
https://estateguru.co/

Thisteguru é outra das minhas plataformas favoritas. Não se trata de investimentos imobiliários, mas sim de empréstimos (hipotecas). Com um retorno médio de 12% e investimentos de apenas 50 euros é mais do que interessante para os nossos investimentos.

Evoestate
https://evoestate.com/

Evoestate é o meu favorito. A partir daqui você pode investir em muitas das outras plataformas imobiliárias discutidas neste guia. A partir de 50 euros podemos aceder a investimentos com rendimentos elevados, alguns superiores a 15%. **No momento de escrever estas linhas esta plataforma está no meu top 1 de Real Estate Crowdfunding**

Exporo
https://exporo.de/

Finple
https://www.finple.com/

Immocratie
https://www.immocratie.com/

Profitus
https://www.profitus.lt/

Reinvestimento24
https://www.reinvest24.com/

A partir de 100 euros, você pode investir em imóveis estonianos com retornos de cerca de 14%.

Rendity
https://rendity.com/

Da Áustria e da Alemanha encontramos Rendity com a qual podemos alcançar retornos de 6% e investimentos de 500 euros.

Upstone
https://www.upstone.co/

Völkers Engel
https://www.ev-capital.de/

Esta famosa empresa imobiliária de alto nível também tem uma plataforma de crowdfunding na Alemanha.

weeXimmo
https://weeximmo.com/

zinsland
https://www.zinsland.de

zinsbaustein
www.zinsbaustein.de

Crowdfunding imobiliário na América
Argentina
Crowdium
https://www.crowdium.com.ar/

Humans Capital
https://humanscapital.com

Grupo Konstruir
https://grupokonstruir.com/

Chile

Besafe
http://www.besafeinversiones.com/

Crowdfunding.cl
http://www.crowdfunding.cl/

Really Crowdfunding.cl tem um pouco de tudo, incluindo algumas oportunidades de imóveis.

Lares
https://lares.cl/

México

Briq
https://www.briq.mx/

Expansive
https://expansive.mx/

Inverspot
https://inverspot.mx/

m2crowd
https://www.m2crowd.com/

PM2
https://www.pm2.mx/

Perú

MC Invest
http://www.mercadoyconstruccion.com/

Crowdequity na Europa

Sediada em Espanha

Capital Cell
https://capitalcell.es/

Especializada na área da Biomedicina.

Ecrowd
https://www.ecrowdinvest.com/

Einicia
https://www.einicia.es/

Fellow Funders
https://www.fellowfunders.es/

Inverem
http://www.inverem.es/

La Bolsa Social
https://www.bolsasocial.com

Lignum Capital
https://www.lignumcap.com/es

Startup Xplore
https://startupxplore.com/es

Startups Inversores

https://startupxplore.com/es/

Socios inversores
https://www.sociosinversores.com/sego/sociosinversores

The Crowd Angel
https://www.thecrowdangel.com/

Sediada fora de Espanha

Companisto
https://www.companisto.com

Crowdcube
https://www.crowdcube.com/

Funded By Me
https://www.fundedbyme.com/en/

Funderbeam
https://www.funderbeam.com/

Invesdor
https://www.invesdor.com/en

MyMicroInvest
https://www.spreds.com/en

Seedmatch
https://www.seedmatch.de/

Seedrs
https://www.seedrs.com/

WiSEED
https://www.wiseed.com/en

Crowdequity na América

Chile

Broota
https://inversion.broota.com/

México

Dividendee
https://www.dividendee.com/es/

Play Business
https://playbusiness.mx/

Ligações da filial

Alguns dos links listados acima têm meu código de afiliado associado a eles. Se te registares com eles, ganharei uma pequena comissão. E, em muitos casos, você terá uma recompensa adicional se você se inscrever a partir desse link. Se precisar de mais informações, pode contar comigo.

E é isto?

Parabéns por chegar ao fim. Infelizmente, este guia de crowdfunding está a chegar ao fim. Espero que considere investir em crowdfunding. Já vimos as possibilidades que o Crowdfunding nos oferece. Como é fácil e acessível. E acima de tudo, não terá de gastar horas e horas nos seus investimentos. Você pode continuar com sua vida normal enquanto esse dinheiro que lhe custou tanto para ganhar e economizar agora trabalha para você.

Em **quieroserrico.com** você vai encontrar mais informações sobre Crowdfunding, sobre outros tipos de investimentos e renda passiva, bem como um monte de outras informações sobre a liberdade financeira. O meu objectivo a médio prazo é alcançar a liberdade financeira.

No meu caminho, tenciono ajudar outras pessoas que também querem ser financeiramente independentes a usar-me como exemplo a seguir. Podes aproveitar os meus sucessos e evitar os meus erros.

Se você quiser saber mais sobre como obter liberdade financeira, recomendo meu primeiro livro: **Eu quero ser rico: obter liberdade financeira em 5 passos.**

Finalmente, **quero pedir a sua ajuda**. Escreva-me uma Review on Amazon, diga-me o que você acha deste guia e ajude outras pessoas a decidir se este guia é para elas também.

quieroserrico.com